주택시장학 개론

주택시장학 개론

발　행 | 2021년 11월 08일
저　자 | 이영환, 이영웅, 나태석
펴낸이 | 한건희
펴낸곳 | 주식회사 부크크
출판사등록 | 2014.07.15.(제2014-16호)
주　소 | 서울특별시 금천구 가산디지털1로 119 SK트윈타워 A동 305호
전　화 | 1670-8316
이메일 | info@bookk.co.kr

ISBN | 979-11-372-6166-2

www.bookk.co.kr

주택시장학 개론

이영환 · 이영웅 · 나태석 지음

2화 | 역대 정권별 주택 정책 62

프롤로그

주택 가격은 오늘이 가장 저렴하다.

주변에서 집을 언제 구입해야 하는지 많이 물어본다. 그때마다 지금 구입하라고 말한다. 할 수만 있다면 오늘 구입하는 것이 가장 좋다. 그래도 기다리면 기회가 찾아오지 않을까? 안타깝게도 그렇지 않다. 수 년이 지난 후에 저점이 왔다고 할지라도 오늘보다 저렴하지 않다.

올해 초에 아내의 지인이 집을 사고 싶다고 연락했다. 그전부터 집을 사고 싶어 했다. 하지만 눈치만 보다가 이제서야 도움을 요청했다. 그 순간 지금 당장 가자고 제안했다. 조금 당황해했지만 제안을 받아들였다. 그날 하고 있던 일을 마무리하고 평소에 봐 두었던 지역으로 차를 타고 이동했다. 그리고 부동산중개사무소에 들러서 좋은 물건을 합리적인 가격으로 계약했다. 반나절도 안 되는 시간에 수억 원의 주택을 구입했다.

해당 주택은 이미 작년보다 15% 오른 가격이었다. 하지만 오늘의 가격이 내일보다 더 저렴할 것이기 때문에 신속하게 주택을 계약했다. 6개월이 흐른 후 가격은 30%가 더 올랐다. 앞으로 해당 주택은 계속 오를 것으로 예상한다. 혹시나 그때 당시에 망설이다가 구입하지 못했다면 지금이라도 서둘러야 한다. 왜냐하면 내일은 더 상승할 것이기 때문이다.

유망한 산업이 있으면 그걸로 족하다.

최대한 빨리 집을 구입하는 것으로 결심했다면 어디가 괜찮을까? 너무 따지지 말자. 따지다가 늦게 구입하면 가격만 더 올라간다. 유망한 산업이 있으면 그걸로 족하다. 어차피 집값은 산업을 중심으로 그 일대는 전체적으로 다 오른다. 다만 조금 더 많이 오르거나 조금 더 빨리 오르는 차이만 있을 뿐이다.

책을 쓰게 된 동기

서울과 같은 도심은 유망한 산업이 많기 때문에 주택 가격이 지속적으로 상승한다. 너무나 당연한 말이다. 이 사실은 많은 선진국에서 이미 증명되었다. 뉴욕, 도쿄, 런던, 파리 등 도심의 주택 가격은 지속적으로 상승했다. 그런데 주택 가격이 내린다고 주장하는 사람들이 있다. 정말 말도 안되는 얘기다. 그 이유를 물어보면 마땅한 근거도 없다. 그저 느낌이 그렇다는 것이다. 아마도 마음속에 불안한 심리가 자리 잡고 있기 때문일 것이다.

필자는 그 불안한 심리를 반박하고 객관적으로 증명하고 싶었다. 하지만 증명할 객관적인 자료가 부족했다. 집값이 오른다고 주장하는 사람도 결국은 과거의 경험에 의존해서 본인의 주장을 펼치거나 또는 특정 공식을 적용하는 것이 전부였다. 그래서 직접 조사하고 기록하여 책으로 정리하는 것으로 결정했다. 주택의 역사, 정책, 산업, 수요, 공급이란 주제를 선택했다. 이들을 조합하면 증명할 수 있을 것 같았다.

하지만 자료를 찾기가 너무 어려웠다. 사람들은 특정 공식을 나열하거나 용기를 주는 성공담 같은 쉽고 직관적인 것을 선호했다. 그래서 도서관에는 그러한 자료들로 넘쳐났다. 그래도 포기하지 않고 도전하며 찾고 또 찾아서 정리해 나갔다. 해방 이후의 자료들을 찾기 위해서 한자로 적힌 신문들을 꾸역꾸역 스크랩했다. 통계청에 들어가서 인구, 가구, 주택, 산업 등에 대한 것은 거의 다 살펴본 것 같다. 통계청에서 찾을 수 없는 것들은 각 기관별로 문의해서 개별로 자료를 수집했다. 그렇게 2년 동안 열심히 모으고 기록해 나갔다.

책을 쓰는 동안에도 주택 가격은 상승했다. 책에 기록한 자료들을 근거로 움직인다는 것을 한번 더 확인할 수 있었다. 드디어 완성했다. 정성들여서 소중하게 작성했다. 정독하면서 의미있게 봐주었으면 좋겠다. 그리고 주택에 대하여 필자보다 통찰력을 가진 사람이 이 책을 읽고 더 효율적으로 활용해서 좋은 결과물들을 만들었으면 좋겠다.

2021년 7월 19일 이영환

「주택시장학 개론」

1화 | 과거 산업과 주택

조선 시대에는 농업이 산업의 중심이었다. 대다수가 농사를 지으며 그 인근에 거주했다. 왜구의 침략이 적고 곡창 지대가 많은 전라남도와 전라북도 그리고 경상북도에 인구가 가장 많았다. 경제적으로 부유한 계층은 농지를 많이 소유한 사람들이었다. 그들은 고급 기와집을 지어서 거주했고 부를 과시하기 위하여 방의 개수를 늘려가며 가문을 형성해 나갔다.

일제 식민지 시대에는 개항을 통하여 서구 문물을 받아들였다. 그리고 철도와 공장을 지으며 공업을 발전시켜 나갔다. 공장을 운영하는 사람들은 경제적으로 부유하게 살아갔다. 공장의 주인은 내국인이 외국인보다 수적으로는 조금 더 많았지만 전체 수익의 대부분은 외국인이 운영하는 공장에서 발생했다. 외국인들의 경제 수준은 내국인과 비교할 수 없을 만큼 높았다. 그들은 한국에 있는 고급 기와 주택을 구입하며 부를 확장해 나갔다.

해방 이후에는 경공업부터 중화학 공업까지 산업이 급격하게 발전하면서 성공적인 경제 성장을 이루었다. 경제 성장에 따른 수익이 국민들에게 분배되기 시작했고 굶어 죽는 사람이 없어졌다. 인구가 증가했고 생활 수준이 향상되면서 주택에 대한 양적인 수요와 질적인 수요가 함께 증가했다. 아파트의 대량 공급이 이루어졌고 아파트에 거주하며 수준 높은 생활을 누리는 한국인만의 문화가 생겨났다.

현재는 IT융복합, 반도체, 첨단 산업 등이 발전하면서 우수한 인력풀이 형성되어 있는 도심을 중심으로 회사들이 밀집되어 있고 그 인근에 많은 사람들이 모여 살고 있다. 1945년도 해방 직후에 60달러에 불과했던 GDP는 2017년도에 3만달러를 돌파하면서 500배 이상 상승했다. 당시 고급 기와집이 25원에 불과했지만 지금은 전국 아파트의 평균 가격이 3억원이다. 그때보다 1,000배 이상 비싼 가격을 형성했다.

「주택시장학 개론」

조선 시대 전기

[1392년 ~ 1592년]

조선 시대 전기는 농지의 세금 제도를 개혁하고 왕권을 강화하는 시기였다. 권력을 강화하는 주요 수단은 농지를 많이 소유하고 농지의 조세를 거둘 수 있는 권리를 많이 갖는 것이었다. 왜냐하면 농업이 산업의 중심이었기 때문이다.

주로 왕족과 양반이 대다수의 농지를 소유했다. 이들은 노비를 통하여 농사를 지었다. 남는 농지는 농민들에게 빌려주어 소작료를 받았다. 왕족과 양반들은 소유한 농지가 많았기 때문에 부유한 생활을 했다. 반면 농민들은 굶어 죽는 사람이 있을 만큼 힘든 생활을 했다. 대부분 농지가 없었기 때문에 농지를 양반에게 빌린 후 생산량의 절반을 소작료로 내는

조선전기 양반의 모습   조선전기 노비의 모습

소작농이었다. 본인이 소유한 농지에 농사를 짓는 자작농도 있었지만 이는 일부에 불과했다.

농지를 소유한 사람은 생산량의 10%를 세금으로 내야 했다. 이것을 걷는 권한을 수조권이라고 한다. 당시에는 수조권을 관리들에게 나누어 주어 급여를 대신했다. 초기에는 퇴직 후에도 수조권이 유지되거나 세습이 가능한 과전법을 시행했다. 하지만 시간이 지날수록 농지의 수조권이 부족해지면서 현직에 있을 때만 권한을 주는 직전법으로 변경했다. 직전법의 시행으로 퇴직 후에 노후가 불안해진 관리들은 노후 자금을 확보하기 위해 현직에 있을 때 정해진 것보다 더 많은 세금을 걷었다. 결국 그 피해는 농민들에게 전가되었다. 부족한 생산량과 과다한 소작료로 이미 어려운 생활을 하고 있었던 농민들은 세금까지 과다해 지면서 더욱더 궁핍해졌다. 상황이 심각해지자 국가에서 직접 세금을 걷어 관료에게 전달하는 관수관급제를 시행했다. 이후 수조권을 지급하는 대신에 급여를 지급하는 녹봉제로 한번 더 변경하면서 수조권이 국가로 넘어갔다. 이것은 왕권을 강화하는 계기가 되었다.

이때는 농업이 산업의 중심이었기 때문에 일자리와 주택이 모두 농지 근처에 있었다. 농지는 어느 한 지역에만 밀집되어 있지 않고 전국에 걸쳐 널리 퍼져 있었다. 인구도 마찬가지였다. 한양도성의 일부 지역을 제외하고는 여러 지역에 분포되어 있었다. 그래서 현재와 같이 특정 지역에 주택 수요가 급격하게 증가하는 현상은 발생하지 않았다.

농지를 많이 소유하고 있던 양반들의 경제력은 비교적 좋았다. 이들의 생활 수준은 상당히 높았고 그에 맞게 주택 교체 수요는 증가했다. 그래서 기와로 만들어진 고급 주택을 지어서 그곳에 거주하며 족보를 이어갔고 방의 개수를 더 늘리며 명문 가문을 형성해 나갔다. 지금처럼 집을 전문적으로 짓고 거래하던 시대는 아니었지만 주택을 통하여 가치를 실현해 나가는 모습은 양반들을 통해 나타났다. 조선 시대에도 주택이 거주의 목적만은 아니었던 것이다.

「주택시장학 개론」

조선 시대 후기

[1592년 ~ 1910년]

조선 시대 후기는 임진왜란으로 국토가 황폐해지면서 국가를 재건하기 위한 변화를 받아들이는 시기였다.

1592년도에 일본의 침략으로 7년간 임진왜란을 겪었다. 전쟁으로 농지와 인구가 1/3 이상 줄면서 국가 위기 상황에 처했다. 이를 극복하기 위해 큰 변화가 필요했다. 기존 양반들을 중심으로 자발적인 경제 복원 활동이 일어났다. 우선은 농업 생산력을 높이기 위해 각 농지에 이앙법과 견종법 등의 신규 농작법을 적용했다. 그 결과 생산 효율성이 좋아지면서 많은 작물을 수확할 수 있었고 인삼과 담배 등과 같은 고부가 가치 상품도 재배했다.

임진왜란

반면에 잉여 농민들이 생겨났다. 5명이 하던 일을 1명이 모두 하게 되면서 나머지 4명은 할 일이 없어졌다. 이들은 수공업에 종사하거나 새로운 일자리를 찾아서 한양으로 이동했다.

산업의 변화로 상품이 다양해지고 거래가 활발해지면서 시장 상권이 발전했다. 그리고 거래에 편리한 화폐를 사용하기 시작했다.

신분 구조도 변화했다. 경제력을 갖추고 부자가 된 농민들이 양반의 신분을 매수하면서 10% 미만이었던 양반 계층이 70% 이상으로 증가했다. 기존 양반 중에는 돈이 없어서 가난하게 살아가는 이들도 생겨났다.

1876년도에 쇄국 정책을 종결하고 개항을 했다. 외국과 국교를 맺고 외국 선박의 출입을 허용했다. 일본, 청나라와의 무역이 활발해지고 서구의 신식 문물을 받아들이면서 근대화가 시작되었다.

조선후기 시장의 모습

　일본은 1894년 ~ 1895년도에 청일 전쟁을 일으켰고 승리했다. 이후 본격적인 대륙 진출을 위하여 조선에 철도를 건설하기 시작했다. 서울과 인천을 연결하는 경인선을 1897년 ~ 1900년도에 건설했다. 경기도와 부산을 연결하는 경부선을 1899년 ~ 1905년도에 건설했다. 그리고 서울과 신의주(중국과 접경지역)를 연결하는 경의선을 1904년 ~ 1906년도에 건설했다. 일본은 철도를 건설하는 중에도 전쟁을 일으켰다. 1904년 ~ 1905년도에 러일 전쟁을 일으켰고 일본이 승리했다.

　개항으로 시작된 근대화는 경제 성장으로 이어졌다. 그리고 주택 시장의 변화도 가져왔다. 부자들이 많아지면서 주택의 질적인 수요가 증가했다. 한양의 인구수가 늘어나면서 주택의 양적인 수요도 일부 증가했다.

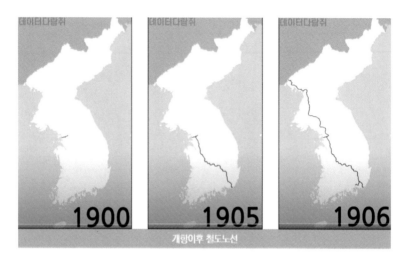

1900   1905   1906

개항이후 철도노선

부자들은 빈터 또는 기존의 초가집을 구입해서 그곳에 새로운 기와집을 지었다. 기존의 기와집을 구입해서 증축하기도 했다. 지금의 용어로 바꿔 보면 택지개발, 재개발, 재건축, 리모델링 등과 유사한 형태이다. 이렇게 지어진 집은 거래도 이루어지고 가격도 상승했다.

지방에서 올라온 관리들이 머물 곳도 필요했다. 이들 중에는 주택을 구입하는 사람들도 있었지만 돈이 부족하거나 또는 아직 주택을 구입할 생각이 없는 경우도 있었다. 그래서 전세와 비슷한 가사 전당이 행해졌다. 가사 전당이란 돈을 빌려주고 이자를 받는 대신에 돈을 빌려준 사람이 돈을 빌린 사람의 소유 주택에 거주하는 관습이다. 그 기간은 6개월에서 1년 단위로 이루어졌다.

개항 이후에 외국인들이 기와집과 같은 고급 주택을 구입하기 시작했

조선시대 기와집

다. 외국인의 소득은 월등히 높았다. 그래서 이들의 구매력은 주택 가격을 새롭게 형성했다. 이러한 현상은 지금의 모습에서도 볼 수 있다. 우리는 IMF 경제 위기 이후에 금융 시장을 개방했고 미국, 영국, 일본, 독일 등 한국보다 소득이 높은 국가들 또는 중국과 같은 신흥국의 부자들이 서울의 주택을 구입하기 시작했다. 아직은 시작에 불과하지만 외국인의 매수가 더 활발해지면 이들의 높은 구매력이 서울의 주택 가격을 글로벌 수준으로 높일 것이다.

당시 개항을 통하여 산업의 발전과 경제 성장이 이루어진 것은 사실이었다. 하지만 여전히 농업이 산업의 중심이었고 그 비중이 가장 높았다. 지금의 모습과 같이 산업화로 인한 급격한 성장은 아니었다. 그래서 주택 수요의 증가와 가사 전당의 관습은 경제와 신분적인 측면에서 상위에 있는 부자, 관료, 양반 계층에서만 이루어졌다는 한계가 있다.

「주택시장학 개론」

일제 식민지
[1910년 ~ 1945년]

일본은 1910년도부터 조선을 식민지로 통치하기 시작했다. 조선은 일본의 대륙 진출을 위한 중간 통로에 위치해 있었고 지진도 거의 없어서 자연 재해로부터 안전했다. 그래서 일본의 주요 도시로 만들어 흡수하려고 했으며 이때부터 조선을 본격적으로 바꾸기 시작했다. 토지 조사 사업을 실시하여 토지의 소유를 명확히 했다. 언어, 화폐, 법률, 시장, 교육 등 전반적인 부분에 걸쳐서 조선을 일본식으로 바꾸기 시작했다.

철도와 공장도 지속적으로 건설해서 확대해 나갔다. 해방 전까지 건설한 철도의 모습을 보면 현재의 모습과도 유사하다. 이러한 개발의 결과로 경제는 성장했다. 1910년도 일제 식민지가 시작될 때 60달러 이하였

던 1인당 GDP는 1945년도 해방 직전까지 120달러 이상으로 2배 이상 성장했다.

신분제를 폐지하면서 노비였던 사람들이 생산 활동에 참여해 효율성이 좋아졌다. 도시에 공장이 생겨나고 일자리가 증가하면서 사람들이 도시로 모여들었다. 공장을 운영하면서 부자가 된 사람도 생겨났다. 공장의 수는 한국인이 운영하는 곳이 일본인이 운영하는 곳보다 많았다. 하지만 전체 생산량은 일본인이 운영하는 곳이 더 많았다.

수도권에 공업이 발전하면서 경기도의 인구수가 증가했지만 여전히 농업이 산업의 중심이었다. 그래서 곡창 지대가 많은 전라남도, 전라북도, 경상북도 각각의 인구수가 경기도의 인구수보다 훨씬 더 많았다.

일제 식민지 기간은 강제적인 군사 통치를 통해 정신적, 육체적 고통을 우리에게 남겼다. 반면 신분제가 폐지되고 철도, 도로 등의 교통 시설과 공장 등의 생산 시설이 마련되어 경제가 성장하는 계기가 되었다.

「주택시장학 개론」

토지 개혁

미군의 원자 폭탄이 히로시마와 나가사키에 터지고 1945년 8월 15일에 일본의 항복 선언문과 함께 우리나라는 일본 식민지에서 해방되었다. 일본이 철수하면서 경제적인 부분도 같이 빠져나갔다. 1인당 GDP는 120달러에서 식민지 이전 수준인 60달러로 낮아졌다. 일본이 우리나라 경제를 간섭하고 있었던 부분이 상당했었다.

3년간의 군정 통치를 통하여 1948년도에 남한과 북한은 각각의 정부를 수립했다. 하나의 정부로 통합하여 수립했다면 지금과 같은 분단 국가는 발생하지 않았을 것이란 아쉬움이 있다. 하지만 자칫 잘못하면 전국토가 공산화되는 위기에 놓여 있었기 때문에 두 개의 정부는 어쩔 수 없는 선택이었다.

히로시마 원자폭탄 폭발

건국 이후에 토지 개혁을 실시했다. 북한은 무상 몰수 무상 분배의 토지 개혁을 실시했다. 이 정책은 국민들로부터 절대적인 지지를 받았다. 당시 문맹률은 78%였다. 지식인이 많지 않았기 때문에 옳고 그름을 스스로 판단하기가 쉽지 않았다. 그저 무상으로 나누어 주는 것에 환호했다. 북한에 있던 기득권 계층은 무상 몰수로 인하여 토지를 모두 빼앗기고 많은 수가 한국으로 넘어왔다. 무상 몰수 과정에서 토지의 소유 권한이 국가로 넘어갔다. 하지만 무상 분배 과정에서는 그 권한이 국가에 여전히 남아있었다. 결국 북한은 토지를 모두 몰수하고 국가에서 운영하면서 노동의 결과물만 국민들에게 분배했다.

대한민국은 유상 몰수 유상 분배의 토지 개혁을 실시했다. 그 과정에서 실질적 권한도 같이 넘겨주었다. 토지 개혁은 국민들에게 소유를 통한 주인 의식을 몸소 느끼게 해주었다. 그래서 대한민국이 공산화되지 않도록 막는데 큰 역할을 했다. 또한 본인 소유의 토지에 농사를 지으면

1948년 대한민국 정부 수립

서 생산 효율성의 증대로 이어졌다. 이러한 부분들은 경제의 균형 성장
에 큰 기초가 되었다.

당시 우리나라 토지 소유 평등 지수는 전 세계 1위였다. 그만큼 획기
적으로 잘 분배된 결과였다. 35대 브라질 대통령이었던 룰라 다 실바
(Lula da Silva)는 브라질 경제에 대하여 "한국은 토지 개혁을 실시했지
만 브라질은 그러지 못해서 심각한 불균형 성장을 해 왔다."라고 말했다.

1950년도에 6.25전쟁이 일어났고 1953년도에 휴전했다. 전쟁으로 약
42%의 공장 시설이 파괴되었고 도로, 철도, 교량, 항만, 학교 등 약
80%의 건물이 파괴되었다. 당시 미군의 한국 전쟁 총사령관이던 맥아더
장군은 한국을 예전의 모습으로 복구하려면 100년은 걸릴 것이라고 말

1960년 6.25전쟁 직후 폐허가된 도시

했다. 그만큼 상황은 처참했다.

그나마 다행인 것은 전쟁 이전에 실시했던 토지 개혁 덕분에 농지의 소유권이 농민들에게 대부분 분배된 상태였다는 점이다. 토지 개혁으로 농민들에게 돌아가는 몫이 더 커져서 더 열심히 일했다. 농업의 생산 효율성은 시간이 지남에 따라 크게 향상되었다.

생산 효율성이 좋아지면서 잉여 노동력이 생겨나기 시작했다. 그 노동력은 새로운 일자리를 찾아서 경공업이 발달한 도심으로 이동했다.

몰려든 인구수에 비해 주택의 공급은 제대로 이루어지지 않았다. 당시 주택의 형태는 대부분 단독주택이었다. 도시로 이동한 사람들은 단독주

1970년대 서울의 판자촌

택의 월세나 전세를 구했다. 그 형태는 주인 세대가 있고 마당은 공동으로 사용했으며 건너편에 있는 빈방에 입주하는 형태였다. 당시 인기가 좋았던 한 지붕 세 가족이란 드라마의 제목에서도 알 수 있듯이 단독주택 한 곳에 여러 가구가 거주했다. 주택 거주 실태 조사에서도 2가구로 구성된 주택, 3가구로 구성된 주택, 4가구로 구성된 주택 등으로 조사되었고 많게는 6가구 이상으로 구성된 주택도 있었다.

형편이 어려운 사람들은 길거리에서 숙식을 해결하거나 판자로 집을 지어 무허가 건물에 거주했다. 이렇게 누적된 서울의 판자촌만 1970년대에 무려 40여 군데가 넘었다.

2020년도 기준 1인당 GDP 1,960달러인 인도에 가면 아침 출근길에도로 교량 아래에 누워있는 사람들을 많이 볼 수 있다. 그들은 거주할 집이 없어서 밤새도록 그곳에서 자고 있는 것이다. 1970년도 당시에 우리나라의 1인당 GDP는 253.2달러로 현재 인도의 1/7 수준에 불과했다. 이러한 점을 감안한다면 우리나라의 상황은 훨씬 더 열악했었다고 볼 수 있다.

공업의 발전

해방 이후 공업은 대부분 저임금의 노동력을 기반으로 하는 경공업이었다. 인구가 많은 곳에 공장을 짓는 것이 기업의 운영에도 유리했다. 그래서 도심 근처에 공장을 지었다. 초기에는 인근 거주자들이 공장에서 일을 했지만 시간이 지나고 기업이 성장하면서 공장의 수는 증가했고 농촌에 있던 인구가 일자리를 찾아서 도심으로 계속 유입되었다.

6.25전쟁 이후에 미국은 한국의 경제가 다시 일어설 수 있도록 적극적으로 지원했다. 특히 공업의 활성화를 유도했다. 밀, 설탕, 면직물 등을 직접 제공하는 대신에 이를 만드는 원료를 전달해서 생산하도록 유도했다. 삼성그룹의 창립자인 이병철 회장도 이때 미국의 원료 지원을 받아 제일제당공업과 제일모직공업을 운영하여 많은 수익을 창출했다.

1960년대 섬유공업

1958년도부터는 미국의 원조가 무상에서 유상으로 바뀌었고 무역 실적은 계속 적자를 기록했다. 이러다가 만년 적자국이 될 처지에 놓이게 되었다. 1962년도에 정부는 큰 결단을 했다. 경제 개발 5개년 계획을 발표하면서 수출 주도형 공업을 육성하겠다고 선언했다. 당장 먹고 살기도 어려운 상황이었기 때문에 해외의 많은 국가들과 내부 기관들이 반대했고 심지어 경제 개발 5개년 계획의 핵심 부서조차도 반대했다. 그럼에도 불구하고 수출만이 살길이라는 신념 하나로 적극 추진했다. 당시에는 무모한 결정처럼 보였을지 모르겠지만 지금 돌이켜 생각해보면 이 선택은 수출 강대국으로 불리는 대한민국을 탄생시키는 아주 중대한 결정이었다. 수출 주도형 공업은 많은 우려 가운데 섬유, 가발, 신발 등의 노동집약적 경공업을 중심으로 성장해 나갔다.

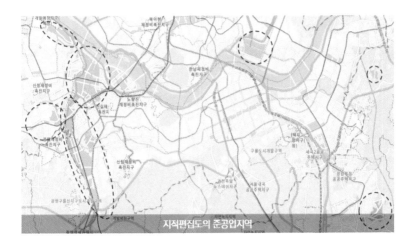

지적편집도의 준공업지역

　네이버나 다음 지도에서 지적편집도를 선택한 후 영등포구, 구로구, 금천구, 성동구, 도봉구 등을 살펴보면 연보라색으로 나타나는 준공업지역이 보인다. 과거에 경공업이 활성화되었던 곳이다.

　우리나라는 공업을 중심으로 꾸준히 성장하고 있었지만 그 이면에는 많은 문제점이 있었다. 도시로 모이는 인구는 많았지만 일자리가 턱없이 부족해서 실업자가 너무 많았다. 경제는 성장했지만 매년 무역 적자는 지속되었다. 그리고 석유화학, 철강, 기계, 조선, 자동차 등의 수출 주도형 중화학 공업의 발전을 위한 도로나 항만 등의 기반 시설이 부족했다.

　이를 해결하기 위한 방법으로 1963년도에 독일 광부 파독, 1964년도에 월남 전쟁 파병, 1965년도에 독일 간호사 파독, 1695년도에 한일 국교 정상화를 통해 외화를 벌어들이고 해외 차관을 받았다. 그리고 실업 문제도 해소했다. 이때 마련한 자금으로 중화학 공업의 발전에 꼭 필

1963년 독일 광부

1964년 베트남 파병

1965년 독일간호사

1965년 한일국교정상화

요한 기반 시설들을 건설할 수 있었다.

1968년 12월 21일에는 서울과 인천을 연결하는 경인고속도로를 개통했다. 1970년 7월 7일에는 서울에서 부산을 연결하는 경부고속도로를 개통했다. 한국 경제 성장의 시작을 알리는 역사적인 사건이었다. 자동차로 서울에서 부산까지 이동하는 시간이 15시간에서 5시간 30분으로 줄어들었다. 전국이 일일 생활권으로 변화한 것이다. 획기적인 시간의 절약으로 이때부터 경부고속도로를 중심으로 산업들이 모여들기 시작했다. 현재도 삼성, 현대, SK 등 대기업들이 경부고속도로를 중심으로 자리 잡고 있고 향후 산업들조차 이곳에 추가로 육성되고 있다.

1972년 울산석유화학공업단지   1973년 포항제철소공장

수출과 수입에 있어서 한국과 가장 활발한 거래를 하는 나라는 미국과 일본이다. 과거에도 그랬고 지금도 마찬가지다. 중국이 급성장할 때 서해안 쪽으로 비중이 일부 옮겨 갔지만 중국의 정치 문제로 점차 경부라인 쪽으로 돌아오고 있다.

1972년 10월에 울산석유화학공업단지를 지었고 1973년 7월 3일에는 포항종합제철공장을 건설했다. 이후 창원국가산업단지, 거제조선소, 광양제철소를 건설하면서 남동임해공업지역을 형성했다. 중화학 공업은 주로 남동 쪽에 지어졌다. 생산 품목의 중량과 크기가 커서 항구 근처가 운송비 측면에서 유리하고 주요 무역 거래 국가인 미국, 일본과 가깝기 때문이다. 이곳에는 산업에 종사하는 사람들이 거주할 수 있는 주거 공간을 같이 만들면서 대규모 산업 도시가 형성되었다. 이로써 중화학 공업을 본격적으로 가동할 수 있는 기반을 마련했다.

수출 주도형 중화학 공업이 활성화되면서 1962년도에 89.8달러에 불

 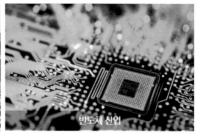

자동차 산업　　　　　　　반도체 산업

과했던 1인당 GDP는 1980년도에 1,714.1달러로 약 20배 성장했다. 이때부터는 자동차, 반도체, 정밀기계 등의 고부가 가치의 산업들이 발전하기 시작했다. 고부가 가치 산업은 자본과 기술이 크게 요구된다. 대기업 중심의 산업 구조를 가진 우리나라는 이러한 측면에서 유리했다. 그래서 시장 경쟁에서 우위를 가져갈 수 있었다.

도시에는 고층 빌딩들이 들어서기 시작했다. 1985년도에는 여의도에 63빌딩을 준공했고 1988년도에는 강남 삼성동에 코엑스가 입주한 한국종합무역센터를 준공했다.

1986년도에는 달러, 유가, 금리의 3저 호황으로 만년 적자국이었던 우리나라는 사상 최초로 무역 흑자를 기록하고 경제는 3년 연속으로 10% 이상 고도 성장했다. 1986년도에는 아시안게임, 1988년도에는 88 올림픽을 개최하면서 빈민국으로 인식되었던 우리나라를 경제 성장국으로 알리는 계기가 되었다.

1989년도에 1인당 GDP는 5,817.7달러까지 성장했고 1994년도에는

여의도 63빌딩

삼성동 한국종합무역센터

1만 383.1달러가 되었다. 경제 학자들은 1인당 GDP 1만달러를 돌파한 국가는 의식주(衣食住)의 생존 욕구가 해결되고 더 높은 가치를 추구한다고 말한다. 그래서 산업은 서비스업 중심으로 변화하고 정치적으로는 민주주의 사회로 진입한다.

우리나라는 토지 개혁 및 수출 주도형 경공업과 중화학 공업의 발전에 힘입어 1인당 GDP 1만달러를 돌파한 민주주의 사회로 진입했다. 1인당 GDP 60달러에 불과했던 빈민국에서 이렇게 변화하는데 49년밖에 걸리지 않았다. 이것은 전 세계 신기록이다.

「주택시장학 개론」

IT산업의 발전

1990년대에 컴퓨터, 정보통신 등의 IT산업이 발전하기 시작했다. 이들 산업은 최신 정보 공유와 우수한 노동력을 요구한다. 그렇기 때문에 최고 중심지에 위치하는 경향이 있다. 대표적으로 미국에는 실리콘 밸리가 있고 한국에는 테헤란밸리가 있다. 우리나라의 IT기업들은 강남 테헤란로의 빌딩에 입주하기 시작했다. 아예 사옥을 짓는 기업도 있었다. 강남 테헤란로 이외에 송파구, 마포구, 구로구에도 일부 IT기업들이 입주했다.

2000년대에 본격적인 정보화 시대로 접어들면서 IT기업들은 급속도로 성장했다. IT기업들의 수가 많아지면서 강남과 가까우면서도 IT산업으로 특화된 지구가 필요했다. 그래서 2004년도에 판교 테크노밸리를

판교테크로밸리

계획했고 2009년도에 준공했다. 2012년도부터 기업들의 본격적인 입주가 시작되었고 2020년에 거의 마무리되었다.

강남 테헤란로에 있었던 주요 IT기업들이 판교 테크노밸리로 대부분 넘어왔다. 뿐만 아니라 대기업의 R&D센터들이 대거 입주했다. 이것도 모자라서 인근에 판교 제2테크노밸리, 제3테크노밸리를 건설하고 있고 향후 10년간 4차 산업 및 고부가 가치의 첨단 산업 기업들이 지속적으로 입주할 예정이다. 진정한 한국판 실리콘밸리로 거듭나고 있는 중이다.

2017년도에는 1인당 GDP 3만 1,605.2달러가 되었다. 경제 학자들은 1인당 GDP 3만달러를 돌파한 국가는 대부분의 국민들이 하고 싶은 것을 모두 하면서 생활하게 되고 더 높은 가치를 추구한다고 말한다. 그 래서 존경받거나 자아 실현을 성취하고자 하는 욕구가 증가하고 의식 수준이 높아져서 경제, 사회, 정치적으로 성숙하고 안정된 선진국으로 진입한다.

우리나라는 토지 개혁, 수출 주도형 경공업 및 중화학 공업, 반도체 및 IT 등의 첨단 산업의 발전에 힘입어 1인당 GDP 60달러인 빈민국에서 1만달러 이상의 민주주의 사회를 거쳐 3만달러 이상의 선진국 사회로 진입하는데 72년밖에 걸리지 않았다. 이것 또한 전 세계 신기록이다.

「주택시장학 개론」

4차 산업혁명

4차 산업혁명이란 인공지능(AI), 사물인터넷(IoT), 빅데이터, 클라우드, 자율주행, 가상현실(VR), 드론 등이 주도하는 지능 정보기술로 대표되는 산업혁명을 말한다.

이에 앞서 1, 2, 3차 산업혁명들을 간단히 알아보면 다음과 같다. 1차 산업혁명은 1784년도에 영국에서 시작된 증기기관과 기계화로 대표된다. 2차 산업혁명은 1870년도에 전기를 이용한 대량 생산이 본격화되면서 시작되었다. 3차 산업혁명은 1969년도에 인터넷이 이끈 컴퓨터 정보화 및 자동화 생산 시스템이 주도한 것이다. 1, 2, 3차 산업혁명 모두 한국이 경제적으로 성장하지 못했을 때 이루어졌고 우리는 그저 기존의 산업을 따라가는 것에 급급했다. 하지만 지금의 우리나라는 전 세계 산

업을 선도하는 국가 중 하나이고 4차 산업의 선두에 서기 위해 경쟁하고 있다.

이러한 4차 산업은 선행적인 성격이 강하기 때문에 IT산업과 유사하게 정보 교류가 중요하고 우수한 노동력이 필요하다. 그래서 인재가 풍부하고 지가 상승이 높은 도심에 자리를 잡는 것이 기업 입장에서는 유리하다. 1, 2, 3차 산업은 각 단계마다 그 입지가 변화하였지만 4차 산업의 입지는 3차 산업의 연속이므로 지금 현재 좋은 입지가 앞으로도 더 좋아질 것이다.

혹자는 코로나19 사태로 재택 근무가 많아지면서 거주지를 찾을 때 산업 입지의 중요도는 점차 낮아질 것이라고 말한다. 하지만 R&D센터나 IT기업과 같은 지식 산업은 정보 교류가 중요하다. 오랫동안 집중할 수 있는 분위기를 만들어 서로 토론하며 정보를 교류하고 시너지 효과라는 더 큰 효율성을 창출하기 위해 도심으로 모여야 한다.

강남의 개발

경제가 급격히 성장하면서 산업 및 교통과 인프라를 잘 갖춘 계획 도시의 개발이 필요했다. 기존의 한양도성 인근 지역은 도로가 좁고 구불구불했으며 더 이상 도시를 확장할 여력이 없었다. 주거 문제도 심각했다. 서울의 주택수는 가구수의 절반도 되지 않았다. 많은 사람들이 단독주택 하나에 여러 가구가 월세나 전세로 모여 살았다. 또는 무허가 판자촌을 형성하거나 길거리에서 잠을 잤다. 정부는 좁은 지역에 많은 세대를 공급할 수 있는 아파트를 건설하여 이 문제를 해결하려 했다.

1966년도에 영동 제1지구 토지구획정리사업의 지구 지정이 되고 1968년도에 사업 시행 허가가 이루어지면서 강남 개발의 시작을 알렸다.

1969년 제3한강교 개통   1970년 경부고속도로 개통

1968년도부터 판자촌에 거주하는 사람들을 경기도 광주 일대(현 성남 시 중원구, 수정구 일대)로 이주시켰다.

1969년도에 강북 지역과 강남을 이어주는 제3한강교(현 한남대교)가 개통되었다. 당시에는 강북 지역에 많은 사람들이 거주하고 있었고 한남 대교의 개통은 강남의 접근성을 높이는 중요한 역할을 했다.

1970년도에 경부고속도로가 개통되었다. 서울에서 부산까지가 15시간 에서 5시간 30분으로 단축되면서 본격적인 국토 개발과 경제 발전의 시 작을 알렸다.

1970년도에 영동 제1지구와 제2지구에 대한 개발을 통합하여 영동신 시가지 개발사업을 계획했다.

1971년도에 여의도 시범아파트를 시작으로 여의도 일대에 아파트가

1970년 영동신시가지 개발사업   현재 강남의 위성지도

공급되었다. 이후 국회, KBS방송국, 증권 거래소가 들어서면서 증권과 금융의 중심지로 발전하게 되었다. 증권과 금융은 국가가 발전할수록 활성화되는 산업이므로 여의도의 도심 기능은 더 확대될 것이다.

1972년도에 종로구, 중구, 서대문구 일대를 특정시설제한구역으로 지정하면서 백화점 및 대학교의 신설과 증설 그리고 유흥 시설의 허가와 이전을 금지했다. 이로 인해 강남에 해당 시설이 들어올 수 있는 여건이 만들어졌다.

1973년도에 영동 제2지구가 개발촉진지구로 지정되었고 세금 및 자금융자의 혜택을 주었다.

1973년도에 반포주공아파트, 1974년도에 청담시영 주택단지, 1976년 ~ 1978년도에 압구정현대아파트를 시작으로 압구정, 개포, 도곡, 대치 등의 지역에 수많은 주택 단지들이 들어서기 시작했다.

1976년도에 강남고속버스터미널이 준공되었다. 인프라가 거의 없었던 강남에 숨통이 트이게 해주는 아주 큰 호재였다. 1977년도에는 강북의 흩어져 있던 터미널을 모두 강남으로 이전하는 명령이 내려졌다.

1976년 강남 종합버스정류장 준공

그러나 논과 밭이 대부분이었고 흙길을 밟아야 하는 것은 여전했다. 이후 중요한 변화가 생겼다. 명문 고등학교들을 강남으로 옮기는 것이었다. 1976년도부터 1980년도까지 경기고, 휘문고, 서울고 등 총 15개의 고등학교를 강북에서 강남으로 이전했다. 학구열이 강한 대한민국 부모들의 마음을 흔들어 놓는 계기가 되었다.

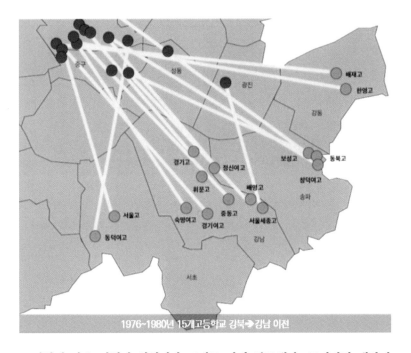

이렇게 많은 지원이 있었지만 그래도 아직 부족했다. 공격적인 개발이 필요했다. 당시 국가도 돈이 많이 없었고 건설 업체들도 많은 돈을 보유하지 못했다. 그래서 자금에 대한 부담을 줄일 필요가 있었다. 정부는 1978년도부터 분양 제도를 변경했다. 지금의 모습과 같이 착공 시점에 분양할 수 있는 제도를 도입했다. 토지는 국가로부터 지원을 받고 공사는 분양 대금으로 진행할 수 있게 되었다. 건설 업체 입장에서는 너무 좋은 조건이어서 진행하지 않을 이유가 없었다. 이때부터 건설 업체들이 건축에 공격적으로 참여하면서 주택의 대량 공급이 본격적으로 시작되었다.

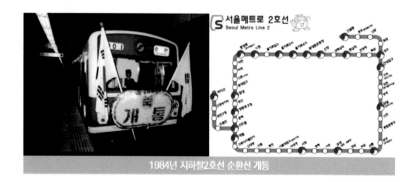

1984년 지하철2호선 순환선 개통

강남구, 서초구, 송파구의 반포, 압구정, 개포, 방배, 대치, 잠실, 신천, 둔촌 등에 있는 대부분의 아파트들은 1970년도 후반에서 1980년도 초중반에 건설되었다. 현재는 건물의 노후화로 재건축에 대한 상당한 압박을 받고 있다.

1980년도에 신설동역 ~ 종합운동장역 개통을 시작으로 1984년도에 지하철 2호선의 순환선이 모두 개통되면서 서울 전역을 연결했다. 서울의 모든 지역에서 강남으로 접근할 수 있게 되었고 그 파급 효과는 상당했다.

1985년도에 지하철 3호선의 양재역 ~ 구파발역 구간이 개통되면서 은평구와 종로구의 강남 접근성을 높였다.

지하철 2호선의 개통 이후에 테헤란로에 많은 빌딩들이 들어서고 기업들이 입주하기 시작했다. 1988년 8월에 강남 삼성동에 코엑스가 입주한 한국종합무역센터가 들어섰다. 코엑스는 테헤란로의 상징이 되었다.

1988년 한국종합무역센터　　2008년 삼성그룹 서초사옥

　　1990년대에 들어서면서 강남에 금융 관련 기업들이 들어오기 시작했고 1990년대 중반에는 IT산업이 입주하면서 IT산업 중심지가 되었다. 그리고 벤처기업이 많이 입주한 빌딩에는 세제 혜택을 주어서 벤처기업 붐을 일으켰다.

　　1994년도에 지하철 분당선의 수서역 ~ 오리역 구간이 개통되면서 성남분당의 강남 접근성을 높였다.

　　1996년도에 지하철 3호선의 지축역 ~ 대화역 구간이 연장되면서 고양일산의 강남 접근성을 높였다.

　　2000년도에 지하철 7호선의 건대입구역 ~ 온수역 구간이 연장되면서 노원구의 강남 접근성을 높였다.

2000년대에 들어서면서 금융 및 IT분야 대기업 본사들이 신규로 입주하거나 확장하기 시작했다. 2008년도에는 삼성그룹 서초사옥이 입주했다.

2009년도에 지하철 9호선의 신논현역 ~ 개화역 구간이 개통되면서 김포공항과 목동의 강남 접근성을 높였다.

2011년도에 지하철 신분당선의 강남역 ~ 정자역 구간이 개통되면서 성남판교의 강남 접근성을 높였다.

2012년도부터 테헤란로에 있던 IT기업들이 판교 테크노밸리로 이전하기 시작했다. 2020년도에 절반이 넘는 IT기업들이 판교로 이전했고 그 빈자리는 금융업 및 스타트업 기업들이 채워가고 있다.

2016년도에 지하철 신분당선의 정자역 ~ 광교역 구간이 연장되면서 수원광교와 용인수지의 강남, 판교 접근성을 높였다. 일반 지하철이 약 30km/h의 표정속도로 달리는 것과 비교해서 신분당선은 49.9km/h의 표정속도로 달릴 수 있어 그 효과가 더욱더 컸다. 그래서 이 구간의 개통으로 강남과 판교의 주택 수요를 수원광교와 용인수지에서 많은 부분 소화할 수 있게 되었다.

향후 강남과 관련된 개발계획 중에서 가장 큰 호재는 강남구 삼성동에 계획된 현대글로벌비즈니스센터(현대GBC)의 건설이다. 2020년 5월에 업무시설 105층의 착공허가를 받았고 2026년도 준공을 목표하고 있다. 현대자동차그룹은 향후 121만명의 일자리가 생길 것이라고 보도했다.

수도권광역철도망(GTX)도 주목해야 한다. GTX-A 라인과 GTX-C 라인은 강남을 지나간다. 30km/h 표정속도의 일반 지하철과 49.9km/h 표정속도의 신분당선보다 훨씬 더 빠른 104km/h의 표정속도로 달린다. GTX-A 라인과 GTX-C 라인 정차역 인근 지역은 향후 강남으로 출퇴근하는 직장인들의 주택 수요를 많이 확보할 것이다.

2026년 준공예정 글로벌비즈니스센터

수도권광역철도망 GTX-A 라인은 2018년도에 착공했고 2024년도에 개통할 예정이다. 개통 일정은 공사가 진행되면서 발생하는 상황들로 인해 연장될 가능성이 높다. 노선은 운정 - 킨텍스 - 대곡 - 창릉 - 연신내 - 서울역 - 삼성 - 수서 - 성남 - 동탄이다.

GTX-C 라인은 2022년도에 착공해서 2027년도에 개통할 예정이다. 착공과 개통 일정은 계획이 진행되면서 발생하는 상황들로 인해 연장될 가능성이 높다. 노선은 덕정 - 의정부 - 창동 - 청량리 - 왕십리 - 삼성 - 양재 - 과천 - 인덕원 - 금정 - 수원이다.

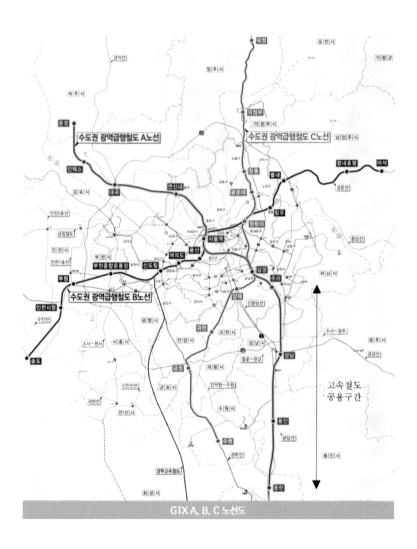

GTX A, B, C 노선도

2화 - 역대 정권별 주택 정책

	미군군정 1945.9~1948.7	이승만 1948.7~1960.4	장면 1960.8~1962.3	박정희 1961.5~1979.10	최규하 1979.12~1980.8 / 전두환 1979.12~1988.2
국제정세		미국vs소련 냉전시대	1964 베트남전쟁	1971 달러금태환정지 1973~1974 제1차 석유파동 1978~1980 제2차 석유파동	1985 플라자협정 1986~1988 3저호황
국내정세	1945 식민지해방	1948 대한민국 정부 수립 1950~1953(휴전) 6.25전쟁 1953 화폐개혁 (100원 -> 1환)	1962 화폐개혁 (10환 -> 1원) 1962 경제개발5개년계획 1963 독일광부 1964 베트남파병 1965 한일국교정상화 1966 독일간호사	1977 수출100억불	1986 서울아시안게임
주요건축물 (준공)		1958 종암아파트	1962 마포아파트 1969 한남대교 1969 울산석유화학공업단지 1970 경부고속도로	1973 포항제철소 1975 창원기계공업단지 1974 지하철1호선	1980 지하철2호선 1985 63빌딩 1986 올림픽대로
주택정책 방향	주택공급 확대	정부주도 주택공급		민간주도 주택공급 분양권 규제	공영택지개발 분양권 규제
신규제도 도입		1949 농지개혁법 1955 대한주택영단설립	1962 건축법 1962 도시계획법(용도지역) 1962 대한주택공사설립 1967 부동산투기억제세	1971~1977 개발제한구역제도 (그린벨트 5397.11㎢지정) 1974 부동산투기억제세 -> 양도소득세로 흡수 1977 분양가상한제 1978 선분양제도	1980 택지개발촉진법
주택공급 계획	1945 주택1만호	1953 주택100만호	1966 영동(강남)제1사업지구 지정 1970 여의도종합개발 계획 1970 영동(강남)신시가지 계획	1972 주택250만호 1977 창원,안산신도시 계획	1980 주택500만호 1981 개포,고덕 택지지구 계획 1983 목동 신시가지 계획 1985 중계,상계 신시가지 계획

완화 ← → 규제

| 주택가격 | | 1946년 중급주택 21원 | 1956년 청량리 부흥주택
건평15평 분양가 14만원... | 1964년 마포아파트 642세대
16평형 분양가 62만원... | 1973년 반포주공1단지 3,786세대
32평형 분양가 560만원
평균급여 1만3,500원 | 1986년 잠실아시아선수촌아파트 1,356세대
30평형 분양가 4,020만원... |

해방전 중급주택 1원

1958년 종암아파트 152세대 건평17평 분양가 25만원...

1971년 한강맨션아파트 660세대 32평형 분양가 395만원...

1977년 압구정현대아파트 5차 224세대 34평형 분양가 1,125만원...

3,555달러

1,723달러

| 1인당 GDP | 120달러 60달러 | 35% ↑ 66달러 81달러 79달러 | | 2,081% ↑ | 106% ↑ |

1944.12 1945.12 1946.12 1947.12 1948.12 1949.12 1950.12 1951.12 1952.12 1953.12 1954.12 1955.12 1956.12 1957.12 1958.12 1959.12 1960.12 1961.12 1962.12 1963.12 1964.12 1965.12 1966.12 1967.12 1968.12 1969.12 1970.12 1971.12 1972.12 1973.12 1974.12 1975.12 1976.12 1977.12 1978.12 1979.12 1980.12 1981.12 1982.12 1983.12 1984.12 1985.12 1986.12

주택수 446만호 436만호 473만호 532만호 610만호

	노태우 1988.2~1993.2	김영삼 1993.2~1998.2	김대중 1998.2~2003.2	노무현 2003.2~2008.2	이명박 2008.2~2013.2	박근혜 2013.2~2017.3	문재인 2017.5~2022.5
정세	1986~1988 3저호황 1991 일본잃어버린30년 1991 소련붕괴		2000 닷컴버블 2001 미국911테러사건		2008 미국리먼사태		2020 코로나19비상사태
정세	1988 서울올림픽	1997 IMF외환위기	2002 한일월드컵				2018 평창동계올림픽
건출물 (준공)	1988 한국종합무역센터			2007 서초삼성타운	2009 판교테크노밸리 2012 서울국제금융센터	2014 부산국제금융센터 2014 포스코타워송도 2016 롯데월드타워	
정책 방향	주택공급확대 공영택지개발 분양권규제	주택공급유지 공공참여최소화 금융투명성강화	주택경기활성화 재건축제한 도심외곽개발 공영택지개발 임대주택확대	분양권,세금,대출규제 재건축제한 도심외곽개발 공영택지개발 임대주택확대	주택경기활성화 도심개발 재건축지원↑ 용적률상향↑	주택경기활성화 도심개발 재건축지원↑ 용적률상향↑	분양권,세금,대출규제 재건축제한 도심외곽개발 공영택지개발 임대주택확대
제도 도입	1989 토지공개념 1990 전월세안정대책 (임대차기간 1년 → 2년)	1993 금융실명제 1994 주택임대사업자 1995 부동산실명제	1998 토지공개념 폐지 1999 외국인부동산개방 2002 대출LTV	2004 다주택양도세중과 2005 종합부동산세 2005 대출DTI 2006 재건축초과이익환수제			2018 대출DSR,신DTI 2020 임대차3법 (2년 + 2년연장/5%상한)
공급 계획	1988 주택200만호 1989 1기신도시		2002 국민주택100만호	2003 임대주택150만호 2003 2기신도시	2008 주택500만호 2008 보금자리주택	2013 행복주택 2015 뉴스테이	2017 임대주택85만호 2019 3기신도시
그린벨트 면적			그린벨트 782㎢ 해제	그린벨트 654㎢ 해제	그린벨트 88㎢ 해제	그린벨트 32.8㎢ 해제	그린벨트 30㎢ 해제

	규제	완화		규제	완화		규제
매매	70% ↑	2% ↑	59% ↑	56% ↑	-3% ↓	12% ↑	15% ↑ 52,828만원
전세	92% ↑	13% ↑	68% ↑	11% ↑	32% ↑	29% ↑	2% ↑
매매	69% ↑	3% ↑	38% ↑	33% ↑	15% ↑	10% ↑	3% ↑ 32,038만원 35,095만원
전세	82% ↑	21% ↑	62% ↑	11% ↑	39% ↑	21% ↑	-2% ↓ 31,838달러
GDP	128% ↑	52% ↑	6% ↑	82% ↑	5% ↑	15% ↑	8% ↑

24,086달러 25,458달러 29,287달러 88,133만원

3,545달러 8,125달러 12,404달러 13,164달러

1987.12 1988.12 1989.12 1990.12 1991.12 1992.12 1993.12 1994.12 1995.12 1996.12 1997.12 1998.12 1999.12 2000.12 2001.12 2002.12 2003.12 2004.12 2005.12 2006.12 2007.12 2008.12 2009.12 2010.12 2011.12 2012.12 2013.12 2014.12 2015.12 2016.12 2017.12 2018.12 2019.12

균주택 인허가	연평균 64.7만호 (민간43.7, 공공21.0)	연평균 62.6만호 (민간39.1, 공공23.5)	연평균 46.8만호 (민간33.3, 공공13.5)	연평균 50.7만호 (민간37.0, 공공13.7)	연평균 45.4만호 (민간32.1, 공공13.7)	연평균 61.2만호 (민간53.8, 공공7.4)	연평균 56.5만호 (민간48.1, 공공8.4)

건설인허가(민간) 48.1 44.9 44.8 46.9 38.5 38.3 34.6 25.3 29.3 40.2 54.5 46.5 34.0 32.2 33.6 39.9 23.0 21.4 24.8 43.4 47.1 56.7 39.4

건설인허가(공공) 26.9 16.4 16.4 22.7 25.8 23.7 21.2 17.5 15.1 14.1 12.1 14.1 14.1 14.4 14.1 16.9 15.4 6 8.1 6.3 7.6 7.7 9.4

1,637만호 68.9 65.0 1,813만호

가구수 716만호 920만호 1,096만호 1,249만호 1,388만호

착공 준공

[출처: 한국은행, 한국부동산원, 국토교통부 및 자체수집자료]

주택은 의식주(衣食住)의 주(住)로서 인간 생활의 필수 요소 중에 하나이다. 수면, 휴식, 안전 등의 거주 욕구 뿐만 아니라 프라이버시, 소속감, 사회적 지위, 재산 증식 등의 욕구를 충족시키는 중요한 역할을 한다. 하지만 주택의 수요와 공급 불균형으로 거래량이 증가하고 가격이 급상승하면 주거가 불안정해진다. 이때 정부는 국민의 주거 안정을 위하여 상황에 맞는 주택 정책을 펼친다.

개발 도상국의 경우 산업화 및 도시화를 통하여 인구수와 가구수가 급격히 증가하면서 주택 부족 현상을 겪는다. 정부는 이러한 문제를 해결하기 위해 주택 보급률 100% 달성을 최우선 목표로 설정하고 주택의 양적인 공급 정책을 펼친다. 우리나라도 식민지 해방 이후 급격한 산업화 및 도시화로 인해 경제가 발전하고 인구수와 가구수가 급격히 증가했다. 늘어난 인구수 때문에 주택 부족 현상이 나타났고 1970년대 전국의 주택수는 가구수의 절반도 채 되지 않았다. 하나의 단독주택에 여러 가구가 입주해서 생활하거나 빈터에 판자로 집을 지어서 생활하는 경우가 빈번했다. 주택을 양적으로 공급해 주는 것이 절대적인 과제였다. 그래서 좁은 땅에 여러 가구가 입주할 수 있어 효율성이 좋았던 아파트 건설을 목표로 주택 공급 계획을 세우고 30년간 꾸준히 공급했다. 그 결과 주거는 점차 안정되었고 2002년도에 주택 보급률 100%의 양적인 목표를 달성했다.

경제 발전으로 생활 수준이 선진국에 가까워질수록 주택의 수요는 양적인 부분에서 질적인 부분으로 변화한다. 주택 보급률이 100%가 넘어도 기존 주택으로는 시장의 수요를 만족할 수가 없다. 그래서 기존의 주택을 리모델링 하거나 재건축, 재개발하여 디자인과 기능이 우수한 최신식 주택을 짓는다. 현재 우리나라가 그러한 상황 가운데 있다. 경제 성장으로 생활 수준이 선진국 수준으로 올라오면서 새롭게 사회에 진출하는 젊은 세대뿐만 아니라 기존의 주택에 거주하는 기성 세대조차도 더나은 주택으로 옮겨가려는 교체 수요가 나타나고 있다. 70년이란 짧은 기간 동안 1인당 GDP 60달러에서 3만 3,429달러까지 500배 이상 성장한 만큼 교체 수요도 강하게 나타나고 있다.

이승만 정권 11년 11개월, 박정희 정권 18년 5개월, 전두환 정권 7년 3개월, 노태우 정권 5년, 김영삼 정권 5년, 김대중 정권 5년, 노무현 정권 5년, 이명박 정권 5년, 박근혜 정권 4년 1개월, 문재인 정권 5년 동안 주택 정책은 각 정권의 정책 방향에 영향을 받으며 수립되었다.

보수 정권에서는 재건축, 재개발의 활성화를 위해 절차 완화, 용적률 상향 등의 정책을 펼치고 도심에 주택 공급을 늘렸다. 대출, 세금 등의 적절한 규제로 수요를 필요한 만큼만 제어했다. 주택 시장에서 요구하는 수요의 방향과 일치했기 때문에 주거 안정에 상당 부분 기여했다.

진보 정권에서는 재건축, 재개발의 억제를 위해 절차 강화, 용적률 제한 등의 정책을 펼치고 도심에 주택 공급을 제한했다. 세금, 대출 등의 강력한 규제로 수요를 억제했다. 그리고 택지 개발을 통하여 도심 외곽과 지방에 주택 공급을 늘렸다. 주택 시장에서 요구하는 수요의 방향에 맞추는 것보다는 수요를 억제하거나 공급을 외곽으로 분산시키려고 했기 때문에 많은 부작용이 나타났다. 도심에는 공급이 부족해져서 주택 가격의 급격한 상승 현상이 나타났다. 외곽에서는 택지 지구에 주택이 대량으로 공급되어 일시적으로 가격 조정을 받았으나 시간이 지나면서 도심과 키맞추기 현상으로 결국은 주택 가격이 상승했다.

이승만 정권

[1948년 7월 ~ 1960년 4월]

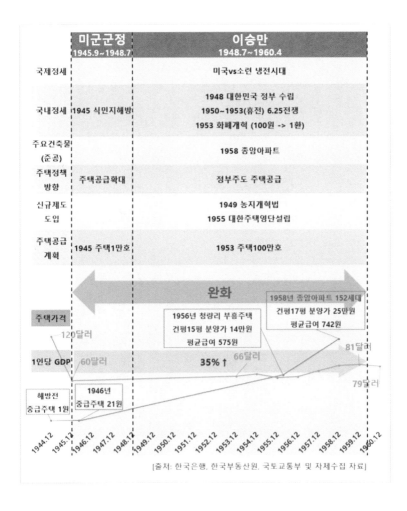

미군군정 1945.9~1948.7	이승만 1948.7~1960.4
국제정세	미국vs소련 냉전시대
국내정세 1945 식민지해방	1948 대한민국 정부 수립 1950~1953(휴전) 6.25전쟁 1953 화폐개혁 (100원 -> 1환)
주요건축물 (준공)	1958 종암아파트
주택정책 방향 주택공급확대	정부주도 주택공급
신규제도 도입	1949 농지개혁법 1955 대한주택영단설립
주택공급 계획 1945 주택1만호	1953 주택100만호

완화

주택가격

1958년 종암아파트 152세대
건평17평 분양가 25만원
평균급여 742원

1956년 청량리 부흥주택
건평15평 분양가 14만원
평균급여 575원

120달러

81달러

1인당 GDP 60달러 35%↑ 66달러

79달러

해방전 중급주택 1원

1946년 중급주택 21원

1944.12 1945.12 1946.12 1947.12 1948.12 1949.12 1950.12 1951.12 1952.12 1953.12 1954.12 1955.12 1956.12 1957.12 1958.12 1959.12 1960.12

[출처: 한국은행, 한국부동산원, 국토교통부 및 자체수집 자료]

1945년 8월 15일 이후에 일제 식민지에서 해방되고 미군과 소련군에 의해 통치되는 군정 시대를 맞이했다. 북한은 소련군, 남한은 미군이 통치했고 존 리드 하지(John Reed Hodge) 중장이 남한 군정 사령관으로 임명되었다. 패전한 일본인들은 한국에 있던 공장과 토지를 반환하고 자국으로 돌아갔다. 반면 해외에 있던 해외 동포들은 귀환하기 시작했다. 약 150만명의 해외 동포들이 있었고 하루에 1만여명이 넘는 인원이 미군의 귀환선을 타고 남한으로 향했다. 중국의 화북과 만주지역에 있는 사람들은 대부분 북한으로 귀환했는데 미군의 통치 영역이 아니고 소련군의 영역이었기 때문에 그 인원은 파악되지 못했다. 특히 서울과 그 인근 지역은 귀환하는 동포들뿐만 아니라 지방에서 올라오는 사람들도 많았기 때문에 주택수는 턱없이 부족했다. 그래서 해방 이전에 1원이었던 중급 주택 가격은 해방 이후 21원까지 치솟았다. 미군 군정청은 주거 안정을 위해 1945년도에 주택 1만호 건설 계획을 수립했다. 당시의 1인당 GDP는 60달러에 불과했다.

1948년 7월 17일에 남한에서는 초대 국회 의장이었던 이승만의 서명 공포로 민주주의 헌법이 제정되었다. 헌법을 근거로 1948년 7월 20일에 대통령 선거를 실시했다. 이승만, 김구, 안재홍 3명의 후보 가운데 이승만이 92.3%의 압도적인 득표율로 초대 대통령에 당선되었다. 그리고 1948년 8월 15일에는 대한민국 정부가 수립되었다. 북한에서는 1948년 9월 9일에 김일성을 주석으로 조선민주주의인민공화국 공산주의 정부가 수립되었다. 미국과 소련이 군사적, 경제적으로 대치하던 냉전 시대에 우리나라는 미국의 지원을 받고 북한은 소련의 지원을 받아

각각의 정부를 만들었다.

우리나라의 부동산이 발전하는 시작은 이때부터라고 볼 수 있다. 민주주의 헌법을 기반으로 정부가 수립되었기 때문에 부동산의 소유권을 철저히 보호받을 수 있었다. 반대로 북한은 공산주의 헌법으로 만들어졌기 때문에 부동산을 모두 국가에서 소유했다.

우리나라는 1949년도에 토지 개혁법을 제정했다. 농사를 짓는 농민이 토지를 소유할 수 있도록 유상 몰수 유상 분배 방식으로 개혁했다. 반면 북한은 무상 몰수 무상 분배 방식으로 개혁했다. 이후 무상으로 분배했던 토지를 무상으로 모두 몰수했다.

1950년 6월 25일에 북한의 남침으로 6.25전쟁이 발발했고 1953년 7월 27일에 휴전 협정을 맺었다. 전쟁으로 인한 인플레이션을 억제하기 위해서 1953년도에 100원을 1환으로 액면 절하하는 화폐 개혁을 실시했다.

전쟁 중에 39% 이상의 주택이 파괴되었다. 공장 및 각종 시설들의 피해는 더욱더 심각했다. 그나마 다행인 점은 전쟁 직전에 실시한 토지 개혁으로 농지 소유권의 분배가 성공적으로 이루어져 농업 생산 효율성이 향상되었다는 것이다.

후생주택　　　　부흥주택

　우선 주택과 시설들을 복원하는 국가 재건이 시급한 과제였다. 1953년도에 정부는 주택 100만호 건설 계획을 발표했고 1955년도에 대한주택영단을 설립했다. 그리고 부흥주택과 후생주택을 짓기 시작했다. 부흥과 후생의 의미는 말그대로 국가를 부흥시키고 국민의 후생에 힘쓰겠다는 뜻이다. 형태는 지금의 국민주택 및 공공임대주택과 유사하다.

　1956년도에 서울시 동대문구 청량리동에 건평 15평의 부흥주택을 건설했다. 주택 가격은 14만원이었다. 당시 1인당 GDP 64.9달러에 평균급여가 575원이었던 것을 감안한다면 돈 한푼 쓰지 않고 20년을 꼬박저축해야 집을 살 수 있었다. 대출이 활성화되지 않았던 당시의 상황을고려한다면 일반 서민이 접근하기에는 상당히 높은 가격이었다.

　1957년도에는 서울시 성북구 종암동에 5층 3개동 152세대의 종암아파트를 착공해서 1958년도에 준공했다. 우리나라 기술로 지은 최초의아파트로서 수세식 변기와 연탄보일러가 설치되었다. 당시 아궁이에 장작불을 때어 난방과 취사를 해결했고 변을 보기 위해서는 밖에 있는 변소로 나가거나 밤에는 요강을 사용했다. 그와 비교하면 아주 혁신적인

1958년 종암아파트

시스템으로 주부들 사이에서 선망의 대상이 되었다. 이슈가 되었던 만큼 건설 현장에 대통령도 한 번씩 순방했고 준공식에도 참석했다.

아파트 분양 가격은 건평 17평에 25만원이었다. 당시 1인당 GDP 80.4달러에 평균 급여가 742원이었던 것을 감안한다면 28년을 꼬박 저축해야 구입할 수 있는 가격이었다. 그래서 아파트는 상류층에 있는 사람들이 입주하는 곳이란 인식이 강했다.

이승만 정부는 1948년 7월부터 1960년 4월까지 11년 11개월간 집권했다. 식민지 해방과 6.25전쟁을 겪으면서 정부 수립, 헌법과 민법의 제정, 토지 개혁 등 국가의 중요한 기초를 다졌다.

인구수는 1949년도 기준 2,016만명에서 1960년도 기준 2,501만명으로 24% 증가했다.

1인당 GDP는 1945년도 기준 60달러에서 1959년도 기준 81달러로 35% 상승했다.

박정희 정권

[1961년 5월 ~ 1979년 10월]

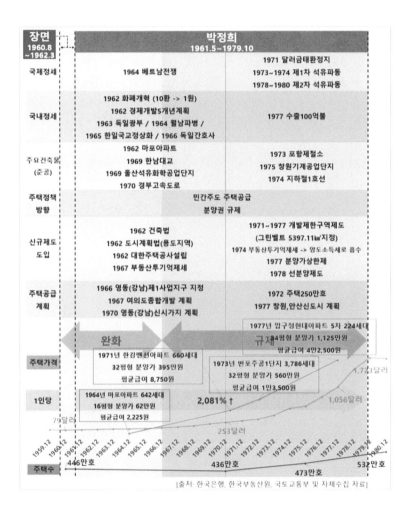

장면 1960.8 ~1962.3	박정희 1961.5~1979.10	
국제정세	1964 베트남전쟁	1971 달러금태환정지 1973~1974 제1차 석유파동 1978~1980 제2차 석유파동
국내정세	1962 화폐개혁 (10환 -> 1원) 1962 경제개발5개년계획 1963 독일광부 / 1964 월남파병 / 1965 한일국교정상화 / 1966 독일간호사	1977 수출100억불
주요건축물 (준공)	1962 마포아파트 1969 한남대교 1969 울산석유화학공업단지 1970 경부고속도로	1973 포항제철소 1975 창원기계공업단지 1974 지하철1호선
주택정책 방향	민간주도 주택공급 분양권 규제	
신규제도 도입	1962 건축법 1962 도시계획법(용도지역) 1962 대한주택공사설립 1967 부동산투기억제세	1971~1977 개발제한구역제도 (그린벨트 5397.11㎢지정) 1974 부동산투기억제세 -> 양도소득세로 흡수 1977 분양가상한제 1978 선분양제도
주택공급 계획	1966 영동(강남)제1사업지구 지정 1967 여의도종합개발 계획 1970 영동(강남)신시가지 계획	1972 주택250만호 1977 창원,안산신도시 계획

완화 ← → 규제

1977년 압구정현대아파트 5차 224세대
34평형 분양가 1,125만원
평균급여 4만2,500원

| 주택가격 | 1971년 한강맨션아파트 660세대
32평형 분양가 395만원
평균급여 8,750원 | 1973년 반포주공1단지 3,786세대
32평형 분양가 560만원
평균급여 1만3,500원 | 1,723달러 |
| 1인당 | 1964년 마포아파트 642세대
16평형 분양가 62만원
평균급여 2,225원 | 2,081% ↑ | 1,056달러 |

79달러   253달러

| | 1959.12 1960.12 1961.12 1962.12 1963.12 1964.12 1965.12 1966.12 1967.12 1968.12 1969.12 1970.12 1971.12 1972.12 1973.12 1974.12 1975.12 1976.12 1977.12 1978.12 1979.12 1980.12 | |
| 주택수 | 446만호   436만호   473만호 | 532만호 |

[출처: 한국은행, 한국부동산원, 국토교통부 및 자체수집 자료]

1960년 4월 26일에 이승만 대통령이 하야 성명을 발표하고 27일에 대통령직에서 사임했다. 외무부 장관이었던 허정이 대통령 권한 대행 및 국무총리직을 임시로 맡았다. 그리고 대통령 중심제에서 내각 책임제로 헌법을 개헌했다. 4개월 후인 1960년 8월에 윤보선 대통령과 장면 국무 총리가 선거를 통해서 취임했다. 내각 책임제로 변경되었기 때문에 실질 적인 권한은 장면 국무총리가 가지고 있었다. 그래서 이 기간을 장면 정 부라고 부른다.

장면 정부는 제대로 된 리더십을 발휘하지 못했다. 여러 곳에서 잡음 이 나기 시작했다. 사회는 혼란 속으로 빠져들었고 1인당 GDP는 81달 러에서 79달러로 감소했다.

이러한 틈을 타서 1961년 5월에 군부 세력이 들고 일어났다. 이들은 박정희를 중심으로 정권을 장악했다. 정권을 장악한 박정희는 국가재건 최고회의를 만들어 실질적인 국정 운영 권한을 행사했고 내각 책임제에 서 대통령 중심제로 헌법을 개헌하고 1963년 12월에 대통령으로 정식 취임했다.

경제와 의식 수준이 상대적으로 낮았던 그 당시에는 민주적인 방법보 다는 군사적인 방법이 경제 성장에 더 효과적이었다. 1962년 1월에 경 제 개발 5개년 계획을 발표하면서 수입 주도형 공업에서 수출 주도형 공업으로 방향을 변경했고 중화학 공업의 육성을 계획했다.

1962년 대한주택공사 창립

1962년 1월에 건축법, 도시 계획법을 제정했고 1962년 7월에 대한 주택공사를 창립했다. 주거지역, 상업지역, 공업지역, 녹지지역 등의 용도지역이 이때부터 구분되었다.

1962년 6월에 화폐를 개혁했다. 당시 많은 화교 자본이 우리나라에 들어왔다. 경제 성장의 열매를 그들이 가져가서 국민들이 피해를 보는 상황이 우려되었다. 100환을 1원으로 개혁하고 화교들에 대한 많은 경제적 규제를 했다. 해방 후 60만명이었던 화교들이 집권 후기에는 5만 7천명으로 줄어들었다.

1961년도에 대한주택공사에서 마포형무소 농장터에 6층 6개동 450세대의 마포아파트를 착공해서 1962년 12월에 준공했다. 마포아파트는 단지형 아파트로 지어졌다는 점에서 혁신을 일으켰다. 착공부터 많은 사

1962년 마포아파트

람들의 관심을 받아 왔고 준공식 때 대통령이 축사도 했다.

1964년도에 마포아파트는 4개동 192세대를 더 지으면서 총 10개동 642세대의 대단지 아파트로 탄생했다. 이후 추가로 아파트를 짓고 분양할 때 마포아파트 앞에서 분양 공고와 당첨자 추첨을 할 정도로 유명해졌다.

아파트 분양가격은 16평형이 62만원이었다. 당시 1인당GDP 90달러에 평균 급여가 1,167원인 점을 감안한다면 44년을 꼬박 저축해야 구입할 수 있는 가격이었다. 이때도 여전히 아파트는 상류층에 있는 사람들이 거주하는 곳이었다. 아직도 서민들의 주거와는 거리가 멀었다.

1963년도에는 독일로 광부를 보냈다. 해방 이후 일자리를 찾아서 도심에 모여든 인구의 실업 문제 해소와 경제 성장에 필요한 외화를 획득하기 위함이었다.

1964년도에 공산 진영의 북베트남과 자유 진영의 남베트남의 남북 전쟁(월남 전쟁)이 일어났다. 남베트남을 지원하던 미국은 1964년 5월에 우리나라의 월남 파병을 요청했고 우리 정부는 이를 받아들였다. 1965 년도에는 한일 국교 정상화를 통하여 전쟁에 대한 보상을 받았다. 1966 년도에는 독일에 간호사를 보내서 외화를 벌어들였다.

1966년도 강남 개발의 시작인 제3한강교(한남대교)가 착공되었다. 1966년 12월에 386만평 규모의 구획 정리 사업인 영동1지구(현 강남 일대)가 지정되었고 1967년도에는 여의도 종합개발 계획이 수립되었다. 제3한강교 착공 당시 평당 200원씩 하던 강남 일대의 토지 가격은 1년 후에 10배가 넘게 상승했다. 1967년도에 부동산 투기억제세를 적용해서 토지 양도차액의 50%를 세금으로 부과했다. 강남의 토지는 대부분 기업 들과 상류층이 사들였다. 이때까지는 주택보다는 토지의 상승이 두드러 졌고 규제도 토지에 대한 것이었다. 1969년도에 강북과 강남을 연결하 는 제3한강교(한남대교)가 준공되었다.

부산 방향의 동남 지역에는 1969년도에 울산석유화학공업단지 건설을 시작으로 구미, 창원, 포항, 거제, 통영 등의 공업 단지들이 만들어지기 시작했다.

서울과 부산을 연결하는 경부고속도로를 1968년도에 착공해서 1970 년 7월에 개통했다.

1971년 한강맨션아파트

1970년 11월에는 영동 1지구와 2지구를 통합해서 837만평 규모의
영동(강남) 신시가지 계획을 발표했다.

1969년도에 대한주택공사에서 23개동 660세대의 한강맨션아파트를
착공해서 1971년도에 준공했다. 고급 아파트로 계획되었고 최초로 견본
주택을 지어서 분양 광고를 했다. 주로 주부들을 대상으로 가사로부터의
완전 해방을 컨셉으로 홍보했다. 지금은 남녀 가릴 것 없이 주택의 인기
가 많지만 당시에는 복부인이란 말도 있듯이 주부들이 주로 관심을 보였
다.

국제 정세로는 1971년도에 미국이 금태환 정지를 선언했다. 기존에는
금을 보유한 만큼 달러를 찍어낼 수 있는 제한이 있었지만 금태환 정지
로 그 한계가 사라졌다. 그만큼 미국의 위상은 더욱더 강해졌다.

1971년도에 정부는 국토의 효율적인 개발과 보전을 위해 개발제한 구역인 그린벨트를 지정하기 시작했다. 1977년도까지 지정한 그린벨트는 5,397.11㎢이다. 우리나라의 모든 그린벨트는 이때 지정되었다.

1972년도에 부족한 주택 개발을 위해 250만호 주택 공급 계획을 발표하면서 본격적인 아파트 건설이 시작되었다.

1973년도에 포항제철소가 만들어졌다. 울산의 정유공장과 함께 중화학 공업의 육성을 위한 기초가 되는 중요한 시설이었다.

영동 신시가지에서 1971년도에 착공했던 3,786세대의 반포주공아파트가 1973년도에 준공되었다. 32평형 분양가가 560만원이었다. 1인당 GDP 407달러에 평균 급여가 1만 3,500원인 점을 감안한다면 34년을 저축해야 구입할 수 있는 가격이었다. 최근에 사람들은 강남 아파트를 과거 저렴할 때 구입했어야 한다고 말한다. 하지만 그 당시 경제와 물가 수준을 고려했을 때 체감상 구입하기 더 어려웠다. 일반 서민들은 높은 강남 아파트의 가격 때문에 구입을 생각조차 못했을 뿐 아니라 타지역의 아파트 구입도 쉽지 않았다. 대부분 아파트보다는 하나의 단독주택에 여러 세대가 달세나 사글세로 들어가서 거주하는 형태가 주를 이루었다.

1973년도부터 1974년도까지 제1차 석유 파동의 세계 경제 위기가 일어났다. 이스라엘과 중동의 전쟁에서 미군의 지원을 받은 이스라엘이 승리했다. 패배한 중동은 1973년 10월에 원유 생산량을 매월 5%씩 감

1973년 반포주공아파트

산했다. 그 결과 석유값은 무려 4배까지 상승했다. 전 세계의 많은 국가들이 타격을 입었다. 우리나라는 14.8%까지 기록했던 경제 성장률이 7%까지 떨어졌다. 그나마 다행인 것은 중화학 공업 활성화의 초기 단계로 아직은 석탄을 많이 사용했기 때문에 피해가 덜했다.

1974년도에 지하철 1호선이 개통되었다. 서울과 경기도가 연결되어 서울 생활권이 확장되는 계기가 되었다.

아파트를 짓기 시작하면서 주택 공급이 늘어났다. 서울의 주택 공급은 1967년도 2만 9,804호에 그쳤지만 1970년도 3만 6,000호, 1974년도 4만 5,000호로 점차 증가했다.

1974년도에 부동산 시세 차익의 50%를 부과하던 부동산 투기억제세를 양도 소득세로 흡수시켰다. 이러한 원인으로 우리나라의 양도 소득세는 다른 나라에 비해 아주 높은 편이다. 미국과 영국은 부동산이 과열될 때에도 최대 20%를 넘지 않지만 우리는 최대 80%에 육박한다.

1975년도에 창원 기계공업단지를 짓기 시작했고 1977년도에 창원과 안산에 신도시가 계획되었다. 서울(강남제외), 부산, 대구 등 역사가 오래된 도시와 다르게 창원, 안산, 울산, 거제, 포항에 방문하면 공업 단지를 중심으로 10차선 이상의 큰 대로와 공원이 넓게 잘 정비되어 있다. 모두 이때 계획적으로 지어진 산업 도시들이다.

1977년도에 수출 주도형 중화학 공업의 선전에 힘입어 수출 100억불과 1인당 GDP 1,000달러를 달성했다. 경제 발전의 방향을 올바르게 설정해서 산업이 급속도로 성장한 결과였다. 반면 주택 부족 상황은 심화되었다. 양적인 부분도 있었지만 소득 증가로 인한 질적인 부분까지 더해지면서 더욱더 가속화되었다. 1975년도부터 정부는 한국주택공사 주도로 건설하던 아파트를 민간 건설 업체가 지을 수 있도록 적극 지원하기 시작했다. 현대건설의 참여로 강남에 압구정현대아파트를 짓기 시작했다. 1975년도에 착공하기 시작해서 1976년도부터 1978년도까지 1차 ~ 7차로 총 2,074세대를 준공했다.

1977년도에 준공한 244세대의 압구정현대5차아파트의 34평형 분양가는 1,125만원이었다. 1인당 GDP 1,057달러에 평균 급여가 4만

1977년 압구정현대아파트

2,500원인 점을 감안한다면 10년간 한 푼도 쓰지 않고 저축해야 구입할 수 있었다. 실제로 이 아파트는 중동 건설 현장에서 돈을 벌어 귀국했던 사람들이 많이 구입했다.

1950년대부터 1970년대 초반까지 아파트는 상류층의 전유물이었고 서민들과 실질적인 관련성을 찾기가 비교적 어려웠다. 하지만 1970년대 후반부터 조금씩 변화가 찾아왔다. 여전히 상류층들이 주로 거주했지만 그 대상이 일반 서민들까지로 조금씩 확대되었다. 1인당 GDP 60달러에 불과했던 경제가 1,000달러를 돌파하면서 보릿고개가 사라지고 굶어 죽는 사람이 거의 없어졌다. 사람들의 소득 수준이 증가하면서 서민들도 아파트에 관심을 가져볼 만큼 평균 생활 수준이 향상되었다.

주택이 본격적으로 공급되기 시작하면서 가격 상승이 이슈되기 시작했다. 그래서 토지에만 한정했던 부동산 규제를 주택에도 적용했다. 1977년도에 분양가 상한제를 실시하여 주택 가격 상승을 억제했다. 이때 실시한 정책은 주택 공급을 제한하는 목적이 아니었기 때문에 여전히 대량 개발을 통한 주택 공급은 지속적으로 이어졌다.

1978년도에 민간 건설 업체의 참여를 독려하기 위해 파격적인 제도 개선을 했다. 토지는 국가에서 지원하고 건설 비용은 선분양을 통해 충당할 수 있도록 했다. 당시 민간 업체가 분양을 실시하려면 80% 이상의 공정이 요구되었지만 분양 보증만 받으면 착공과 동시에 분양할 수 있도록 제도를 개선했다. 그 결과 민간 건설 업체들이 주택 공급에 적극적으로 참여하기 시작했다. 자본금에 대한 부담이 줄어들어 적은 비용으로 주택 건설을 할 수 있었기 때문이다. 현대건설은 압구정현대아파트를 14차까지 확장해서 2,817세대를 더 공급했다. 한양건설도 압구정한양아파트 1차 ~ 8차까지 2,729세대를 공급했다. 그 외에 미성, 미도, 선경, 삼익, 우성 등의 건설사들이 가세해서 압구정뿐만 아니라 도곡, 개포, 대치 등에도 수많은 아파트를 공급했다. 그리고 이러한 민간 아파트의 공급 열풍은 전국적으로 점점 확대되었다.

1978년도부터 1980년도까지 제2차 석유 파동의 세계 경제 위기가 발생했다. 이란은 이슬람 혁명으로 석유 수출을 전면 중지했다. 전 세계 석유 공급량의 15%를 차지하고 있었던 이란의 이와 같은 조치는 세계 경제에 큰 혼란을 가져왔다. 제1차 석유 파동과는 달리 우리나라는 중화학 공업의 많은 성장을 이루었고 석유의 의존도가 높은 상황이었다. 그래서 그 피해는 더욱더 컸다. 위기 상황의 극복을 위해 에니지를 최대한 절약하는 정책을 펼쳐 나갔고 반복될 가능성이 있는 석유 위기 상황을 대비해서 석유 비축 사업 또한 추진했다.

1979년 10월 26일에 대통령이 암살되었다. 박정희 정부는 1961년 5월부터 1979년 10월까지 18년 5개월간 집권했다. 그 기간 동안 대한민국은 경제의 초고속 성장과 함께 도시 개발의 큰 중심 축을 완성했다.

인구수는 1960년도 기준 2,501만명에서 1979년도 기준 3,753만명으로 50% 증가했다.

1인당 GDP는 1960년도 기준 79달러에서 1979년도 기준 1,723달러로 무려 2,081%나 상승했다.

서울의 중심 지역 주택 가격은 1964년도 마포아파트 16평형 분양가 62만원과 1977년도 압구정현대아파트 5차 34평형 분양가 1,125만원을 비교해서 추정하면 약 807% 상승했다.

전두환 정권
[1980년 9월 ~ 1988년 2월]

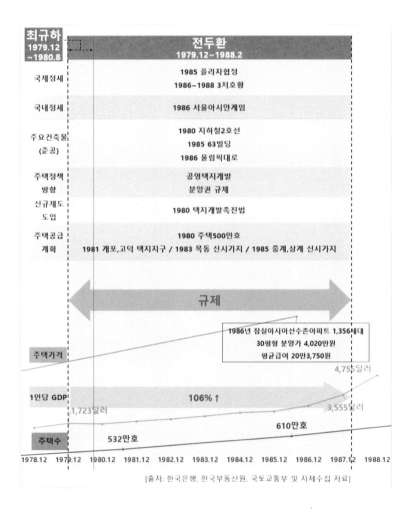

최규하 1979.12~1980.8	전두환 1979.12~1988.2
국제정세	1985 플라자협정 1986~1988 3저호황
국내정세	1986 서울아시안게임
주요건축물 (준공)	1980 지하철2호선 1985 63빌딩 1986 올림픽대로
주택정책 방향	공영택지개발 분양권 규제
신규제도 도입	1980 택지개발촉진법
주택공급 계획	1980 주택500만호 1981 개포,고덕 택지지구 / 1983 목동 신시가지 / 1985 중계,상계 신시가지

규제

1986년 잠실아시아선수촌아파트 1,356세대
30평형 분양가 4,020만원
평균급여 20만3,750원

주택가격

4,755달러

1인당 GDP   106% ↑

1,723달러   3,555달러

610만호

주택수

532만호

1978.12 1979.12 1980.12 1981.12 1982.12 1983.12 1984.12 1985.12 1986.12 1987.12 1988.12

[출처: 한국은행, 한국부동산원, 국토교통부 및 자체수집 자료]

1979년 10월 26일에 중앙정보부 부장 김재규에 의해 박정희 대통령이 암살되었다. 국무총리였던 최규하는 대통령 권한 대행을 수행했고 1979년 12월 6일에 통일주체국민회의에서 대통령으로 선출되었다. 하지만 1979년 12월 12일에 전두환을 중심으로 군부 세력이 정권을 장악했다. 정권을 잡은 전두환은 1980년 9월에 대통령으로 정식 취임했다.

제2차 석유 파동으로 경제도 좋지 않은 상황에서 대통령 암살까지 겪으며 사회는 혼란스러운 상태로 접어들었다. 1979년도 경제 성장률은 6.4%까지 하락했고 1980년도에는 -5.2%까지 하락했다. 1960년대 이후 처음으로 마이너스 성장률을 기록했다. 반면에 물가는 급격하게 상승해 28.7%로 역대 최고치를 기록했다. 다행히 1981년도부터 석유 파동 사태가 진정되면서 경제가 회복되기 시작했다.

전두환 정권은 박정희 정권에서 실시했던 정책 방향을 유지해 나갔다. 경제를 살리고 물가를 안정시키기 위해 노력했다. 그리고 부족한 주택 문제를 해결하기 위하여 대규모 주택 공급을 추진했다.

1980년에 주택 500만호 건설 계획을 발표하고 택지개발 촉진법을 도입했다. 1970년대까지는 민간 개발을 최대한 지원했지만 1980년대부터는 정부 주도로 도심 외곽 지역에 택지 지구를 지정하고 공영 개발을 추진했다.

우리가 알고 있는 1기, 2기, 3기 신도시가 모두 택지개발 촉진법을 근거로 계획되었다. 그래서 공통점들이 존재한다. 첫 번째는 공영 개발을 목적으로 저렴한 가격에 택지를 확보한다. 두 번째는 외곽 지역을 주로 개발해서 도심의 수요를 분산하려는 의도가 있다. 세 번째는 임대 아파트의 공급 비율이 비교적 높다.

1981년도에 개포, 고덕을 최초의 택지개발 촉진지구로 지정해서 개발을 추진했다. 1983년도에 목동 신시가지, 1985년도에 상계, 중계 신시가지를 택지개발 촉진지구로 지정하고 개발을 추진했다. 최대한 많은 주택을 공급하기 위해 노력했지만 분양가 상한제의 영향으로 사업성이 좋지 않아서 계획했던 것만큼 건설되지 못했다. 그래서 주택 공급은 연간 약 20만호 수준에 그쳤다.

1980년 10월에 신설동역에서 종합운동장역을 연결하는 지하철 2호선의 1차 개통을 시작으로 1984년도까지 서울 순환선이 모두 개통되었다. 서울 전 지역과 강남을 하나로 연결했고 그 파급 효과는 상당히 높았다.

1985년도에 여의도 63빌딩이 건설되었다. 국내 최고 높이의 빌딩으로 전국적인 이슈가 되었다. 63빌딩은 지금도 여전히 여의도의 랜드마크로 자리잡고 있다.

국제 정세로는 1985년도에 미국의 플라자호텔에서 선진 5개국인 미국, 영국, 독일, 프랑스, 일본이 엔화와 마르크화의 강세를 유도하는 플라자합의를 체결했다. 1985년도에 1달러당 240엔이었던 엔화가 1987

1986년 잠실아시아선수촌아파트

년도에 120엔 수준까지 하락하여 엔화의 강세가 이어졌다. 이 결과로 달러, 유가, 금리의 가치가 모두 하락하는 3저 현상이 발생했고 1986년 도부터 1988년도까지 우리나라의 경제 성장률은 연속 10%가 넘는 경제 호황을 기록했다.

1986년 5월에 올림픽대로가 개통되었다. 서울종합운동장에서 김포공항까지 1시간이었던 주행 시간이 30분으로 단축되었다.

1986년 6월에 잠실아시아선수촌아파트 1,356세대가 준공되었다. 서울아시안게임 선수들의 숙소로 사용 후 분양할 목적이었다. 30평형 분양

가는 4,020만원이었다. 1인당 GDP 2,835달러에 평균 급여가 20만
3,750원인 것을 감안한다면 16년간 한 푼도 쓰지 않고 모으면 구입할
수 있는 가격이었다.

1986년 9월에 서울아시안게임이 열렸다. 일본, 중국 등 22개국
4,839명의 선수들이 참가해서 25개 종목, 270개의 경기를 치렀다. 중국
이 1위를 차지했다. 우리나라는 494명의 선수들이 참가해서 금 93개,
은 55개, 동 76개로 2위를 차지했고 일본은 3위를 차지했다.

전두환 정부는 1979년 12월부터 1988년 2월까지 7년 3개월간 집권
했다. 이전 정부에서 추진했던 경제 발전과 도시 개발의 결과가 가시화
되기 시작했고 그에 따라서 주택 가격도 상승하기 시작했다.

인구수는 1979년도 기준 3,753만명에서 1987년도 기준 4,162만명
으로 10.8% 증가했다.

1인당 GDP는 1979년도 기준 1,723달러에서 1987년도 기준 3,555
달러로 106% 상승했다.

서울의 중심 지역 주택 가격은 1977년도 압구정현대아파트5차 34평
형 분양가 1,125만원과 1986년도 잠실아시아선수촌아파트 30평형 분양
가 4,020만원을 비교해서 추정하면 약 304% 상승했다.

「주택시장학 개론」

노태우 정권

[1988년 2월 ~ 1993년 2월]

	노태우 1988.2~1993.2	김영삼 1993.2~1998.2	김대중 1998.2~2003.2	노무현 2003.2~2008.2	이명박 2008.2~2013.2	박근혜 2013.2~2017.3	문재인 2017.5~2022.5
국제정세	1991 일본잃어버린30년		2000 닷컴버블		2008 미국리먼사태		2020
국내정세	1988 서울올림픽	1996 OECD가입 1997 IMF외환위기	2002 한일월드컵				2018 평창동계올림픽
주요건축물 (준공)	1988 한국종합무역센터			2008 서초삼성타운	2009 판교테크로밸리 2012 서울국제금융센터	2014 부산국제금융센터 2014 포스코타워송도	
주택정책 방향	공영택지개발 분양권 규제	공공참여최소화 금융투명성강화	분양권,세금,대출 완화 재건축제한+ 도심외곽개발 공영택지개발 임대주택확대	분양권,세금,대출 규제 재건축제한+ 도심외곽개발 공영택지개발 임대주택확대	수도권 공영택지개발 민간주도 주택공급 도심개발 재건축지원+ 용적률상향	민간주도 주택공급 도심개발 재건축지원+ 용적률상향+	분양권,세금,대출 규제 재건축제한+ 도심외곽개발 공영택지개발 임대주택확대
신규제도 도입	1989 토지공개념 1989 분양가원가연동제 1990 전월세안정대책 (임대기간 1년 → 2년)	1993 금융실명제 1994 주택임대사업자 1995 부동산실명제	1998 토지공개념 폐지 1998 외국인부동산개방 2002 대출LTV도입	2004 다주택자양도세중과 2005 종합부동산세 2005 대출DTI도입 2006 재건축초과이익환수제			2020 주택임대사업자 폐지 2020 임대차3법 (2년 + 2년연장/5%상한)
주택공급	1988 주택200만호	2002 국민주택100만호	2003 임대주택150만호	2008 주택500만호	2013 행복주택	2017 주택85만호	
그린벨트 해제면적		그린벨트782㎢해제	그린벨트654㎢해제	그린벨트88㎢해제	그린벨트32.8㎢해제	그린벨트30㎢해제	
	← 규제 →	← 완화 →	← 규제 →	← 완화 →	← 규제 →		
서울 매매	70% ↑	2% ↑	59% ↑	56% ↑	-3% ↓	12% ↑	15% ↑
서울 전세	92% ↑	13% ↑	68% ↑	41% ↑	32% ↑	29% ↑	2% ↑
전국 매매	69% ↑	3% ↑	38% ↑	33% ↑	15% ↑	10% ↑	3% ↑
전국 전세	82% ↑	21% ↑	62% ↑	11% ↑	39% ↑	21% ↑	-2% ↓
1인당 GDP	128% ↑	52% ↑	6% ↑	82% ↑	5% ↑	15% ↑	8% ↑
평균주택	연평균 64.7만호 (민간43.7, 공공21.0)	연평균 62.6만호 (민간39.1, 공공23.5)	연평균 46.8만호 (민간33.3, 공공13.5)	연평균 50.7만호 (민간37.0, 공공13.7)	연평균 47.4만호 (민간32.1, 공공15.3)	연평균 61.2만호 (민간53.8, 공공7.4)	연평균 56.5만호 (민간48.1, 공공8.4)
주택수	610만호	716만호	920만호	1,096만호	1,249만호	1,388만호	1,813만호

[출처: 한국은행, 한국부동산원, 국토교통부 및 자체수집 자료]

1987년 12월 18일 대통령 선거에서 노태우 36.6%, 김영삼 28%, 김대중 27%로 노태우가 대통령에 당선되었고 1988년 2월에 취임했다.

1988년 9월 7일에 강남 삼성동에 한국무역센터가 준공되었다. 그리고 9월 17일에는 박정희 정부 때 계획하고 전두환 정부 때 유치했던 서울올림픽이 노태우 정부 때 개최되었다. 159개국 8,397명의 선수들이 참가해서 23개 종목, 237개의 경기를 치렀다. 우리나라는 477명의 선수들이 참가해서 금 12개, 은 10개, 동 11개로 1위 소련, 2위 동독, 3위 미국에 이어서 4위를 차지했다. 주요 선진국들의 순위는 서독 5위, 프랑스 9위, 이탈리아 10위, 중국 11위, 영국 12위, 일본 14위이다.

노태우 정부는 집권 초기부터 3저 호황에 기반한 경제 성장으로 주택 가격의 상승 압박을 심하게 받고 있었다. 그래서 주택 가격을 안정시키기 위해 많은 규제와 공급 정책들을 펼쳐 나갔다.

1988년도에 주택 200만호 건설 계획을 발표했고 1989년도에 택지개발 촉진법을 근거로 분당, 일산, 평촌, 산본, 중동의 1기 신도시 5곳을 공영 택지로 개발하는 계획을 발표했다.

1989년 11월에 분양가 상한제를 폐지하고 분양가 원가연동제를 실시해서 분양가를 현실성 있게 조정했다. 위축되었던 주택 공급은 이때부터 활성화되기 시작했다.

1989년 12월에 택지소유 상한제, 개발이익 환수제, 토지 초과이득세의 토지 공개념을 도입해서 토지 거래 및 개발로 인한 이익에 대한 세금을 강화했다.

1990년도에 전월세 안정 대책으로 전세의 최소 기간을 1년에서 2년으로 연장했다. 하지만 전세 물량이 급격히 감소하면서 전세 가격은 오히려 급등했다.

1991년도부터 1기 신도시를 비롯한 대규모 주택이 공급되기 시작했다. 1기 신도시의 분양 가격은 32평 기준으로 약 5,200만원에서 6,200만원이었다. 34평 기준으로 약 1억 3,000만원 정도였던 강남 아파트에 비하면 절반 수준의 가격이었다. 강남 거주자 가운데 평수를 넓혀서 신도시인 분당으로 이주하는 사람들도 많이 있었다. 이때부터 주택 가격은 안정되기 시작했다.

1991년도 한해 동안 주택 공급량은 75만채로 역대 최다 물량이었다. 이후 주택 공급량은 매년 60만채 수준을 유지했고 주택 가격의 안정세는 계속 이어졌다. 1991년도의 1인당 GDP는 7,634달러였고 인구수는 지금의 83% 수준인 4,300만명이었다. 주택수는 716만호로 매우 부족한 실정이었다. 당시의 주택 수요는 절대량을 충족시키는 것이 중점 사항이었다. 그래서 아파트의 대량 공급은 주택 수요를 만족시키는 적절한 정책이었기 때문에 주거 안정으로 이어질 수 있었다.

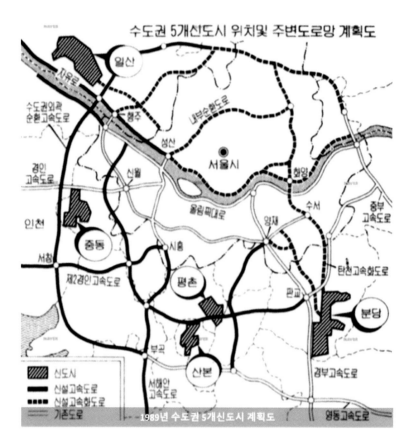

수도권 5개신도시 위치및 주변도로망 계획도

1989년 수도권 5개신도시 계획도

국제 정세로는 1991년도에 일본의 잃어버린 30년이 시작되었다. 1985년도 플라자합의 이후 엔화의 강세를 시작으로 금융, 부동산 등의 경제에 거품이 심하게 생겨나면서 발생된 것이었다. 1991년 12월에 공산주의 국가였던 소련은 미하일 고르바초프(Mikhail Gorbachev) 집권 시기에 74년 만에 해체되었다.

노태우 정부는 1988년 2월부터 1993년 2월까지 5년간 집권했다. 경제 호황과 주택 가격의 급격한 상승 가운데 적절한 주택 정책으로 장기간 주택 가격을 안정시켰다.

인구수는 1987년도 기준 4,162만명에서 1992년도 기준 4,374만명으로 5% 증가했다.

1인당 GDP는 1987년도 기준 3,555달러에서 1992년도 기준 8,125달러로 128% 상승했다.

서울의 중심 지역 주택 가격은 1986년도 잠실아시아선수촌아파트 30평형 분양가 4,020만원과 1991년도 강남의 34평형 주택 가격 1억 3천만원을 비교해서 추정하면 204% 상승했다. 서울의 평균 주택 매매 가격은 70%, 전세가격은 92% 상승했다. 전국의 평균 주택 매매 가격은 69%, 전세 가격은 82% 상승했다.

「주택시장학 개론」

김영삼 정권

[1993년 2월 ~ 1998년 2월]

	노태우 1988.2~1993.2	김영삼 1993.2~1998.2	김대중 1998.2~2003.2	노무현 2003.2~2008.2	이명박 2008.2~2013.2	박근혜 2013.2~2017.3	문재인 2017.5~2022.5
국제정세	1991 일본잃어버린30년		2000 닷컴버블		2008 미국리먼사태		2020
국내정세	1988 서울올림픽	1996 OECD가입 1997 IMF외환위기	2002 한일월드컵				2018 평창동계올림픽
주요건축물 (준공)	1988 한국종합무역센터			2008 서초삼성타운	2009 판교테크로밸리 2012 서울국제금융센터	2014 부산국제금융센터 2014 포스코타워송도	
주택정책 방향	공영택지개발 분양권 규제	공공참여최소화 금융투명성강화	분양권,세금,대출 완화 재건축제한↓ 도심외곽개발 공영택지개발 임대주택육대	분양권,세금,대출 규제 재건축제한↑ 도심외곽개발 공영택지개발 임대주택육대	수도권 공영택지개발 민간주도 주택공급 도심개발 재건축제한↓ 용적율상향↑	민간주도 주택공급 도심개발 재건축제한↓ 용적율상향↑	분양권,세금,대출 규제 재건축제한↑ 도심외곽개발 공영택지개발 임대주택확대
신규제도 도입	1989 토지공개념 1989 분양가원가연동제 1990 전월세안정대책 (임대기간 1년 → 2년)	1993 금융실명제 1994 주택임대사업자 1995 부동산실명제	1998 토지공개념 폐지 1998 외국인부동산개방 2002 대출LTV도입	2004 다주택자양도세중과 2005 종합부동산세 2005 대출DTI도입 2006 재건축초과이익환수제			2020 주택임대사업자 폐지 2020 임대3법 (2년 + 2년연장/5%상한)
주택공급	1988 주택200만호		2002 국민주택100만호	2003 주택150만호	2008 주택500만호	2013 행복주택	2017 임대주택85만호
그린벨트 해제면적			그린벨트782㎢해제	그린벨트654㎢해제	그린벨트88㎢해제	그린벨트32.8㎢해제	그린벨트30㎢해제
	← 규제	완화 →	규제 →	완화 →			규제
서울 매매	70%↑	2%↑	59%↑	56%↑	-3%↓	12%↑	15%↑
서울 전세	92%↑	13%↑	68%↑	11%↑	32%↑	29%↑	2%↑
전국 매매	69%↑	3%↑	38%↑	33%↑	15%↑	10%↑	3%↑
전국 전세	82%↑	21%↑	62%↑	11%↑	39%↑	21%↑	-2%↓
1인당 GDP	128%↑	52%↑	6%↑	82%↑	5%↑	15%↑	8%↑
평균주택	연평균 64.7만호 (민간43.7, 공공21.0)	연평균 62.6만호 (민간39.1, 공공23.5)	연평균 46.8만호 (민간33.3, 공공13.5)	연평균 50.7만호 (민간37.0, 공공13.7)	연평균 45.4만호 (민간32.1, 공공15.3)	연평균 61.2만호 (민간53.8, 공공27.4)	연평균 56.5만호 (민간48.1, 공공8.4)
주택수	716만호	920만호	1,096만호	1,249만호	1,388만호	1,637만호	1,813만호

- 주택건설인허가(민간)
- 주택건설인허가(공공)
- 증감
- 착공
- 준공

610만호

[출처: 한국은행, 한국부동산원, 국토교통부 및 자체수집 자료]

1992년 12월 18일 대통령 선거에서 김영삼 42%, 김대중 33.8%, 정주영 16%로 김영삼이 대통령에 당선되었고 1993년 2월에 취임했다.

이번 정부는 주택 시장에 있어서는 비교적 안정적인 시기를 보냈다. 이전 정부의 주택 공급 정책을 그대로 유지했고 연평균 62.6만호의 대규모 인허가 실적을 기록했다. 임기 내내 주택 가격은 안정되었다. 전반적으로 민간의 자율성을 최대한 보장하면서 공공의 참여를 최소화 하기 위해 노력했다.

1993년 8월 12일부터 금융 실명제를 도입했다. 모든 금융 거래를 당사자 실제 본인의 이름으로 진행하도록 도입한 제도이다. 이전에는 익명, 차명, 가명 계좌로 금융 거래가 쉽게 가능했으나 신분증을 제시해야 거래를 할 수 있도록 변경했다. 지금은 당연하게 여겨지는 것이지만 이때는 아주 생소했던 것이다. 정확한 경제 규모의 파악이 어려웠고 세금 징수가 11% 밖에 되지 않았을 정도로 지하 경제가 발달해 있었으나 실명제 이후에 많은 부분이 개선되었다.

1994년도에 주택임대사업자 제도를 도입했다. 매매 가격이 안정되자 주택에 대한 인식이 소유에서 임대로 빠르게 전환되었기 때문이다. 정부는 임대인에게 각종 세금의 혜택을 주어 임대사업자 등록을 유도했다. 하지만 소득 노출을 꺼려한 임대인은 등록을 망설였다. 그리고 주택 시장에서 임대차 가격도 비교적 안정적으로 형성되었기 때문에 제도의 필요성이 제기되지 않아 유명무실한 제도로 장기간 유지되었다.

커다란 사건 사고도 이어졌다. 1994년 10월에 성수대교가 무너지면서 32명이 사망하고 17명이 부상을 입었다. 1995년 6월 29일에 삼풍백화점이 붕괴되면서 501명이 사망하고 6명이 실종되었으며 937명이 부상을 입었다. 6.25전쟁 이후 가장 큰 인명피해였다.

1995년 7월 1일부터 부동산 실명제를 도입했다. 명의 신탁 제도를 원칙적으로 금지해서 탈세를 막는 것이 핵심이었다. 금융 실명제와 함께 부동산 시장도 투명성이 강화되었다.

주택 공급은 대체적으로 활성화되었다. 이전 정부 후반부터 시작해서 장기간 지속된 주택의 경쟁적인 공급으로 미분양 주택이 쌓이기 시작했다. 1994년도에 10만호의 주택이 미분양되었고 1995년도에는 15만호 이상의 주택이 미분양 되어 사상 최고치를 기록했다. 미분양이 쌓이면서 해마다 사업을 그만두는 건설사들이 늘어났다. 가격은 장기간 안정되었고 주택을 소유하여 자산을 증식하는 시대는 끝이 났다는 인식이 팽배해져 갔다.

경제는 지속적으로 성장해서 1996년도에는 OECD에 가입했다. 선진국 그룹에 가입했다는 자부심으로 한껏 도취되어 있었다. 하지만 그 뒤편으로 수출 적자와 과도한 은행 외채의 위험이 자라나고 있었다.

1990년대에 들어서면서 금융 기관 및 기업의 외환 거래 규제를 완화하기 시작했다. OECD가입 및 선진국으로 가기 위한 개방 정책이었다.

1994년도부터 종합 금융회사를 중심으로 외채가 급격히 늘어나기 시작했다. 경험이 많지 않았던 금융사들은 수익성만 보고 저렴한 금리의 단기 외채를 무분별하게 끌어들여 장기로 국내 기업에 대출을 해주거나 동남아 시장에 투자했다. 1997년도 기업 평균 부채 비율은 400%가 넘었고 1,000%가 넘는 기업도 많았다. 2018년도 기준으로 기업 평균 부채 비율이 111%인 것과 비교하면 과도한 부채를 떠안고 기업 운영을 했다고 볼 수 있다.

1994년도와 1995년도에 중국과 일본이 각각 자국의 화폐를 약세로 유도하면서 우리나라의 수출 경쟁력은 나빠졌다. 1996년도에 미국이 금리를 인상하면서 대출 이자 부담이 증가했고 달러는 강세로 돌아서기 시작했다. 한국을 비롯한 인도네시아, 태국, 말레이시아, 필리핀, 홍콩, 라오스 등의 국가들은 3저 호황을 기반으로 수출 호황을 누렸지만 달러의 금리 인상을 시작으로 무역 수지가 점차 악화되었다.

1997년 1월에 재계 순위 14위 한보그룹이 부도가 났다. 심각할 정도의 과도한 대출과 재정 적자가 원인이었다. 이때부터 대외 신용도가 떨어지기 시작했고 외채의 신규 차입이 중단되었다. 단기 외채에 의존했던 자금 유동성은 급격히 막히기 시작했다. 적자를 겪고 있던 기업들은 연이어 부도가 나기 시작했다. 3월에 삼미그룹, 5월에 삼립식품과 한신공영이 부도가 났다. 아직은 한국이 국가 부도 사태로 이어질 것이란 인식은 비교적 약했다.

이후 7월에 태국이 외환 위기를 겪었고 필리핀, 말레이시아 등으로 퍼져 나갔다. 그리고 기아 그룹이 부도가 나면서 해외 신용 평가 기관들은 한국의 은행과 국가의 신용도를 크게 하향했다. 이때부터 외국 자본들의 탈출 러쉬가 본격적으로 시작되었다. 이어서 8월에 대농그룹, 10월에 쌍방울그룹, 11월에 해태그룹 등 30대 그룹의 절반이 부도가 났고 대부분의 중소 기업이 무너졌다.

한국은행은 환율 방어를 위해 보유하고 있던 외환 보유액을 11월까지 급격히 소진하면서 결국 11월 21일에는 IMF(국제통화기금)에 구제 금융을 요청했다. IMF측은 돈을 빌려주는 조건으로 부실 종합 금융 회사 정리, BIS기준 미달 은행 구조 조정, 회계의 투명성 제고, 금융 감독 기구 설립, 외국 은행 및 증권사 현지 법인 설립 허용, 무역 자유화, 자본 자유화, 정리 해고 제한 완화, 고용 보험 제도 강화 등을 요구했다.

IMF 외환 위기 전후로 경제 관련 지표들을 보면 경상 수지는 1995년도에 마이너스 102.3억달러, 1996년도에는 마이너스 244억달러, IMF 외환 위기가 일어났던 1997년도에는 마이너스 108.1달러로 모두 역대 최저치를 기록했다. 코스피는 1997년 7월에 783포인트에서 12월에 343포인트까지 떨어졌다. 주택 가격은 1997년 11월 이후 약 5개월간 평균 15% ~ 20%가량 급격히 하락하고 7개월간 보합을 유지했다. 처음으로 겪는 국가 부도 사태로 국민들의 충격이 상당했다. 그래서 모든 부동산 가격이 반토막 났던 것 같은 체감도가 있었을 지도 모르겠다.

김영삼 정부는 1993년 2월부터 1998년 2월까지 5년간 집권했다. 주택 가격은 장기간 안정되었으나 경제적으로는 IMF 외환 위기라는 결과를 가져왔다.

인구수는 1992년도 기준 4,374만명에서 1997년도 기준 4,595만명으로 5% 증가했다.

1인당 GDP는 1992년도 기준 8,125달러에서 1997년도 기준 1만 2,401달러로 52% 상승했다.

서울의 평균 주택 매매 가격은 2%, 전세 가격은 13% 상승했다. 전국의 평균 주택 매매 가격은 3%, 전세 가격은 21% 상승했다.

김대중 정권

[1998년 2월 ~ 2003년 2월]

	노태우 1988.2~1993.2	김영삼 1993.2~1998.2	김대중 1998.2~2003.2	노무현 2003.2~2008.2	이명박 2008.2~2013.2	박근혜 2013.2~2017.3	문재인 2017.5~2022.5
국제정세	1991 일본버블어버린30년		2000 닷컴버블		2008 미국리만사태		2020
국내정세	1988 서울올림픽	1996 OECD가입 1997 IMF외환위기	2002 한일월드컵				2018 평창동계올림픽
주요건축물 (준공)	1988 한국종합무역센터			2008 서초삼성타운	2009 판교테크노밸리 2012 서울국제금융센터	2014 부산국제금융센터 2014 포스코타워송도	
주택정책 방향	공영택지개발 분양권 규제	공공참여최소화 금융투명성강화	분양권,세금,대출 완화 재건축완화 도심외곽개발 공영택지개발 임대주택확대	분양권,세금,대출 규제 재건축완화 도심외곽개발 공영택지개발 임대주택확대	수도권 공영택지개발 민간주도 주택공급 도심개발 재건축완화 용적율상향↑	민간주도 주택공급 도심개발 재건축완화 용적율상향↑	분양권,세금,대출 규제 재건축완화↓ 도심외곽개발 공영택지개발 임대주택확대
신규제도 도입	1989 토지공개념 1989 분양가원가연동제 1990 전월세안정대책 (임대차기간 1년 → 2년)	1993 금융실명제 1994 주택임대사업제 1995 부동산실명제	1998 토지공개념 폐지 1998 외국인부동산개방 2002 대출LTV도입	2004 다주택자양도세중과 2005 종합부동산세 2005 대출DTI도입 2006 재건축초과이익환수제			2020 주택임대사업자 폐지 2020 임대차3법 (2년 + 2년연장/5%상한)
주택공급 그린벨트 해제면적	1988 주택200만호		2002 국민주택100만호 그린벨트 782㎢해제	2003 임대주택150만호 그린벨트 654㎢해제	2008 주택500만호 그린벨트 88㎢해제	2013 행복주택 그린벨트 32.8㎢해제	2017 임대주택65만호 그린벨트 30㎢해제
	규제 ➡	완화 ➡		규제 ➡	완화 ➡		규제 ➡
서울 매매	70%↑	2%↑	59%↑	56%↑	-3%↓	12%↑	15%↑
서울 전세	92%↑	13%↑	68%↑	11%↑	32%↑	29%↑	2%↑
전국 매매	69%↑	3%↑	38%↑	33%↑	15%↑	10%↑	3%↑
전국 전세	82%↑	21%↑	62%↑	11%↑	39%↑	21%↑	-2%↓
1인당 GDP	128%↑	52%↑	6%↑	82%↑	5%↑	15%↑	8%↑
평균주택	연평균 64.7만호 (민간43.7, 공공21.0)	연평균 62.6만호 (민간39.1, 공공23.5)	연평균 46.8만호 (민간33.3, 공공13.5)	연평균 50.7만호 (민간37.0, 공공13.7)	연평균 45.4만호 (민간32.1, 공공15.3)	연평균 61.2만호 (민간53.8, 공공7.4)	연평균 56.5만호 (민간48.1, 공공8.4)
주택수	716만호	920만호	1,096만호	1,249만호			1,813만호

610만호

[출처: 한국은행, 한국부동산원, 국토교통부 및 자체수집 자료]

1997년 12월 18일 대통령 선거에서 김대중 40.3%, 이회창 38.7%, 이인제 19.2%로 김대중이 대통령에 당선되었고 1997년 2월에 취임했다.

이번 정부는 진보 정당에서 정권을 잡으면서 정권 교체가 이루어졌다. IMF 경제 위기 가운데 시작된 정권이어서 분양가 전면 자율화, 대출 및 세금 완화 등 대체적으로 주택 경기 활성화를 위한 정책을 펼쳐 나갔다. 하지만 재건축과 재개발은 예외였다.

1998년도에 토지 공개념을 폐지하고 부동산 개발을 촉진하는 정책을 펼쳤다. 그리고 외국인의 부동산 취득을 허용해서 부동산 시장을 개방했다.

1999년도에 개발제한 구역 제도를 개선하여 그린벨트 구역을 해제하기 시작했다. 춘천, 청주, 전주, 여수, 진주, 통영, 제주권 등의 중소권 도시의 그린벨트 해제를 추진했고 수년간에 걸쳐 무려 782㎢나 해제했다. 역대 최대 규모의 그린벨트 해제였다.

1997년 11월부터 시작된 IMF 외환 위기는 2000년 12월에 모든 IMF 부채를 상환하면서 완전히 벗어났다.

국제 정세로는 2000년도에 인터넷의 급격한 성장을 배경으로 닷컴버블이 일어났고 2001년도에 미국 911테러 사건이 일어나면서 전 세계가 순간 휘청거렸다.

2002년 5월에 한일월드컵이 있었다. 32개국이 참여한 가운데 우리나라는 히딩크 감독의 지휘하에 3승 2무 2패로 최초 4강 진출이라는 큰 성과를 이루어 냈다. 공동 개최국이었던 일본은 16강에 진출했고 우승은 브라질이 차지했다.

2001년도부터 과열되었던 주택 가격은 월드컵 이후에도 계속 오르고 있었다. 정부는 2002년 9월에 국민주택 100만호 공급 계획을 발표하고 분양권 및 재건축, 재개발 규제를 이어갔다. 그리고 LTV를 최초로 도입해서 금융에 대한 규제를 실시했다. 하지만 주택 가격은 임기가 끝날 때까지 지속적으로 상승했다.

김대중 정부는 1998년 2월부터 2003년 2월까지 5년간 집권했다. 도심의 재건축, 재개발을 규제하고 대규모 그린벨트 해제를 통해 택지 개발을 추진했다. 도심 외곽에 주택을 공급해서 도심의 수요 분산을 통한 주택 가격 안정을 유도했으나 도심의 수요를 이기지 못하고 주택 가격은 지속적으로 상승했다.

인구수는 1997년도 기준 4,595만명에서 2002년도 기준 4,764만명으로 3.6% 증가했다.

1인당 GDP는 1997년도에 1만 2,401달러에서 2002년도에는 1만

3,164달러로 6% 상승했다.

서울의 평균 주택 매매 가격은 59%, 전세 가격은 68% 상승했다. 전국의 평균 주택 매매 가격은 38%, 전세 가격은 62% 상승했다.

노무현 정권
[2003년 2월 ~ 2008년 2월]

	노태우 1988.2~1993.2	김영삼 1993.2~1998.2	김대중 1998.2~2003.2	노무현 2003.2~2008.2	이명박 2008.2~2013.2	박근혜 2013.2~2017.3	문재인 2017.5~2022.5
국제정세	1991 일본읽어버린30년		2000 닷컴버블		2008 미국리먼사태		2020
국내정세	1988 서울올림픽	1996 OECD가입 1997 IMF외환위기	2002 한일월드컵				2018 평창동계올림픽
주요건물 (준공)	1988 한국종합무역센터			2008 서초삼성타운	2009 판교테크노밸리 2012 서울국제금융센터	2014 부산국제금융센터 2014 포스코타워송도	
주택정책 방향	공영택지개발 분양권 규제	공공참여최소화 금융투명성강화	분양권,세금,대출 완화 재건축재단↓ 도심외곽개발 공영택지개발 임대주택확대	분양권,세금,대출 규제 재건축재단↑ 도심외곽개발 공영택지개발 임대주택확대	수도권 공영택지공급 민간주도 주택공급 도심개발 재건축지원↓ 용적율상향↑	민간주도 주택공급 도심개발 재건축지원↑ 용적율상향↑	분양권,세금,대출 규제 재건축재단↑ 도심외곽개발 공영택지개발 임대주택확대
신규제도 도입	1989 토지공개념 1989 분양가원가연동제 1990 전월세안정대책 (임대기간 1년 → 2년)	1993 금융실명제 1994 주택임대사업제 1995 부동산실명제	1998 토지공개념 폐지 1998 외국인부동산개방 2002 대출LTV도입	2004 다주택자양도세중과 2005 종합부동산세 2005 대출DTI도입 2006 재건축조과이익환수제	2008 주택500만호	2013 행복주택	2020 주택임대사업제 폐지 2020 임대차3법 (2년 + 2년연장/5%상한)
주택공급	1988 주택200만호		2002 국민주택100만호	2003 임대주택150만호	2008 주택500만호	2013 행복주택	2017 임대주택85만호
그린벨트 해제면적		그린벨트782㎢해제		그린벨트654㎢해제	그린벨트88㎢해제	그린벨트32.8㎢해제	그린벨트30㎢해제
	규제 →	완화 →		규제 →	완화 →		규제 →
서울 매매	70% ↑	2% ↓	59% ↑	56% ↑	-3% ↓	12% ↑	15% ↑
서울 전세	92% ↑	13% ↑	68% ↑	11% ↑	32% ↑	29% ↑	2% ↑
전국 매매	69% ↑	3% ↑	38% ↑	33% ↑	15% ↑	10% ↑	3% ↑
전국 전세	82% ↑	21% ↑	62% ↑	11% ↑	39% ↑	21% ↑	-2% ↓
1인당 GDP	128% ↑	52% ↑	6% ↑	82% ↑	5% ↑	15% ↑	8% ↑
평균주택	연평균 64.7만호 (민간43.7, 공공21.0)	연평균 62.6만호 (민간39.1, 공공23.5)	연평균 46.8만호 (민간33.3, 공공13.5)	연평균 50.7만호 (민간37.0, 공공13.7)	연평균 45.4만호 (민간32.1, 공공15.3)	연평균 61.2만호 (민간53.8, 공공7.4)	연평균 56.5만호 (민간48.1, 공공8.4)
주택건설인허가(민간) 주택건설인허가(공공)							
주택수 610만호	716만호	920만호	1,096만호	1,249만호	1,388만호		

[출처 : 한국은행, 한국부동산원, 국토교통부 및 자체수집 자료]

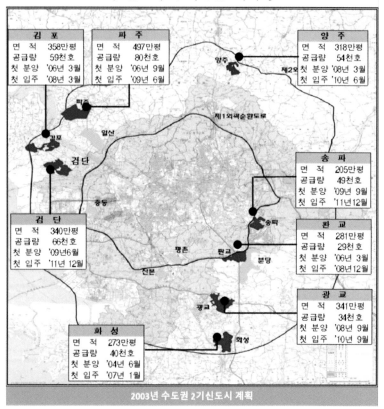

《 신도시 주택공급 계획 》

김 포
면 적 358만평
공급량 59천호
첫 분양 '06년 3월
첫 입주 '08년 3월

파 주
면 적 497만평
공급량 80천호
첫 분양 '06년 9월
첫 입주 '09년 6월

양 주
면 적 318만평
공급량 54천호
첫 분양 '08년 3월
첫 입주 '10년 6월

검 단
면 적 340만평
공급량 66천호
첫 분양 '09년6월
첫 입주 '11년 12월

송 파
면 적 205만평
공급량 49천호
첫 분양 '09년 9월
첫 입주 '11년12월

판 교
면 적 281만평
공급량 29천호
첫 분양 '06년 3월
첫 입주 '08년12월

광 교
면 적 341만평
공급량 34천호
첫 분양 '08년 9월
첫 입주 '10년 9월

화 성
면 적 273만평
공급량 40천호
첫 분양 '04년 6월
첫 입주 '07년 1월

2003년 수도권 2기신도시 계획

2002년 12월 19일 대통령 선거에서 노무현 48.9%, 이회창 46.6%로 노무현이 대통령에 당선되었고 2003년 2월에 취임했다.

이전 정부에 이어서 주택 가격 상승은 지속되었고 2003년도에 임대 주택 150만호 및 2기 신도시를 계획했다. 판교, 동탄, 김포, 파주, 광교, 양주, 송파, 평택, 검단을 택지 지구로 개발하여 주택을 공급하는 계획이었다.

그린벨트 지역의 해제는 전북 225㎢와 경남 272.6㎢ 등 총 654㎢에 걸쳐서 진행되었다. 김대중 정권에 이어서 두 번째로 많은 그린벨트가 해제되었다.

2004년도에 지속적으로 상승하는 주택 가격을 안정시키기 위해 다주택자 양도세 중과를 최초로 도입하고 분양권, 세금, 대출 등 전반적으로 강력한 주택 규제 정책을 내놓았다. 규제로 인해 초기에는 주택 가격이 안정되는 것 같았으나 얼마 지나지 않아 다시 상승하기 시작했다.

2005년도에 종합부동산세와 DTI를 최초로 도입하는 등 강력한 추가 조치를 내놓았다. 하지만 주택 가격은 잡히지 않고 오히려 더 상승했다.

2006년도에 재건축 초과이익 환수제를 도입해서 재건축과 재개발의 강력한 규제를 실시했다. 2기 신도시 공급 정책과 맞물려서 도심의 공급을 억제하고 수요를 외곽으로 분산시키려는 정책이었으나 시장의 수요를 이기지 못하고 결국 주택 가격은 또 다시 상승했다. 반면 2기 신도시가 공급되었던 지역과 각 지방에는 넘쳐나는 주택 공급으로 미분양이 생겨나기 시작했고 2007년도에 10만채 이상의 미분양을 기록했다.

2008년 1월에 강남역 앞에 서초 삼성타운이 준공되면서 우수한 일자리가 집중적으로 공급되어 많은 수의 주택 수요를 창출했다.

노무현 정부는 2003년 2월부터 2008년 2월까지 5년간 집권했다. 주택 정책에 있어서 전반적으로 강력한 규제 정책을 펼쳐 나갔다. 그리고 공급 정책은 이전 정권과 유사하게 재건축 및 재개발은 규제하고 외곽 지역의 택지 개발을 추진했다. 규제 정책이 나올 때마다 주택 가격이 잡히는 것 같았으나 결국은 시장의 수요를 이기지 못하고 급격히 상승했다.

인구수는 2002년도 기준 4,764만명에서 2007년도 기준 4,868만명으로 3.1% 증가했다.

1인당 GDP는 2002년도 기준 1만 3,164달러에서 2007년도 기준 2만 4,088달러로 82% 상승했다.

서울의 평균 주택 매매 가격은 56%, 전세 가격은 11% 상승했다. 전국의 평균 주택 매매 가격은 33%, 전세 가격은 11% 상승했다.

이명박 정권
[2008년 2월 ~ 2013년 2월]

	노태우 1988.2~1993.2	김영삼 1993.2~1998.2	김대중 1998.2~2003.2	노무현 2003.2~2008.2	이명박 2008.2~2013.2	박근혜 2013.2~2017.3	문재인 2017.5~2022.5
국제정세	1991 일본읽어버린30년		2000 닷컴버블		2008 미국리먼사태		2020
국내정세	1988 서울올림픽	1996 OECD가입 1997 IMF외환위기	2002 한일월드컵				2018 평창동계올림픽
주요건출물 (준공)	1988 한국종합무역센터			2008 서초삼성타운	2009 인크테크로밸리 2012 서울국제금융센터	2014 부산국제금융센터 2014 포스코타워송도	
주택정책 방향	공영택지개발 분양권 규제	공공참여최소화 금융투명성강화	분양권,세금,대출 완화 재건축재건A 도심외곽개발 공영택지개발 임대주택확대	분양권,세금,대출 규제 재건축재건A 도심외곽개발 공영택지개발 임대주택대	수도권 공영택지개발 민간주도 주택공급 도심개발 재건지원A 용적율상향+	민간주도 주택공급 도심개발 재건축지원+ 용적율상향+	분양권,세금,대출 규제 재건축재건A 도심외곽개발 공영택지개발 임대주택확대
신규제도 도입	1989 토지공개념 1989 분양가원가연동제 1990 전월세안정대책 (임대차기간 1년 -> 2년)	1993 금융실명제 1994 주택임대사업자 1995 부동산실명제	1998 토지공개념 폐지 1998 외국인부동산개방 2002 대출LTV도입	2004 다주택자양도세중과 2005 종합부동산세 2005 대출DTI도입 2006 재건축초과이익환수제			2020 주택임대사업자 폐지 2020 임대차3법 (2년 + 2년연장/5%상한)
주택공급	1988 주택200만호		2002 국민주택100만호	2003 임대주택150만호	2008 주택500만호	2013 행복주택	2017 임대주택85만호
그린벨트 해제면적			그린벨트782km²해제	그린벨트654km²해제	그린벨트88km²해제	그린벨트32.8km²해제	그린벨트30km²해제
	규제	완화		규제	완화		규제
서울 매매	70%↑	2%↑	59%↑	56%↑	-3%↓	12%↑	15%↑
서울 전세	92%↑	13%↑	68%↑	11%↑	32%↑	29%↑	2%↑
전국 매매	69%↑	3%↑	38%↑	33%↑	15%↑	10%↑	3%↑
전국 전세	82%↑	21%↑	62%↑	11%↑	39%↑	21%↑	-2%↑
1인당 GDP	128%↑	52%↑	6%↑	82%↑	5%↑	15%↑	8%↑
평균주택	연평균 64.7만호 (민간43.7, 공공21.0)	연평균 62.6만호 (민간39.1, 공공23.5)	연평균 46.8만호 (민간33.3, 공공13.5)	연평균 50.7만호 (민간37.0, 공공13.7)	연평균 45.4만호 (민간32.1, 공공13.3)	연평균 61.2만호 (민간53.8, 공공7.4)	연평균 56.5만호 (민간48.1, 공공8.4)
주택수	716만호	920만호	1,096만호	1,249만호	1,388만호	1,637만호	1,813만호

주택건설인허가(민간)
주택건설인허가(공공)
■착공 ■준공

610만호

GDP: 3,593달러, 8,125달러, 12,401달러, 13,164달러, 24,086달러, 25,458달러, 29,287달러, 31,838달러

[출처: 한국은행, 한국부동산원, 국토교통부 및 자체수집 자료]

2007년 12월 19일 대통령 선거에서 이명박 48.67%, 정동영 26.14%, 이회창 15.07%로 이명박이 대통령에 당선되었고 2008년 2월에 취임했다.

이전 정권에서 계속된 주택 가격의 상승세는 그대로 이어졌다. 주택 가격을 안정시키기 위해 2008년도에 500만호 주택 건설과 강남 및 서초 등의 주요 도심에 보금자리주택 공급 계획을 세웠다. 그리고 용적률 300% 상향 등 재건축 및 재개발의 규제를 전면적으로 완화하여 도심 개발을 적극적으로 지원했다.

2008년 9월달에 미국에서 리먼사태 금융 위기가 발생했다. 우리나라의 수출량은 미국이 가장 많았다. 그래서 단기적인 영향을 받았으나 미국이 양적 완화를 실시하면서 극복해 나갔다. 우리나라 주택 가격에 미친 영향은 6개월 정도의 하락과 조정에 불과했다.

2009년도에 판교 테크노밸리가 준공되었다. 이후에 강남에 있던 많은 IT기업 및 R&D센터들이 판교로 이전했다.

2010년도부터 택지 개발로 계획한 보금자리주택을 분양하기 시작했다. 34평형 강남 아파트의 시세는 약 8억 ~ 9억원이었지만 보금자리주택의 분양 가격은 약 4억 ~ 5억원으로 반값에 불과했다. 주택 시장은 적극적인 반응을 보였다. 많은 사람들이 강남과 서초의 주요 도심에 보금자리주택을 분양 받기 위해 자발적인 무주택을 유지했고 기존 주택을 구입하는 것보다 분양을 받기 위해서 대기했다. 보금자리주택 공급을 위해 해제한 그린벨트 영역은 88㎢이다.

보금자리주택으로 인한 강남권 주택 가격 안정은 서울 주택 가격 안정으로 이어졌고 수도권 전체에 영향을 미쳤다. 그 추세는 정권 내내 계속 이어졌다. 하지만 강남의 주택과 연계성이 덜했던 지방 주택 가격은 2012년도까지 지속적으로 상승했다.

2012년 8월에 여의도에 서울국제금융센터가 준공되어 금융의 중심지로 자리잡았다.

2008년도 리먼사태 이후에 대부분의 선박 수주는 가격 경쟁의 우위를 가졌던 중국에서 모두 싹쓸이 했다. 일부 기업들은 해양플랜트 사업에 적극 투자해서 선박 수주의 부진을 만회하려 했으나 2014년도 미국의 셰일가스 혁명으로 손실만 더 커졌다.

2010년도부터 2012년도까지 SLS조선, 성동조선 등 조선 관련 기업들이 부도가 났고 지방의 산업들은 수축되기 시작했다. 2013년도부터 대기업인 STX그룹에 문제가 생기기 시작했고 일부 계열사의 부도를 시작으로 서서히 해체되었다. 산업의 침체로 일자리가 줄어들면서 인구도 점차 빠져나가기 시작했다. 2012년도를 정점으로 지방의 주택 가격은 지속적으로 하락하거나 조정을 받았다. 이때부터 전국의 주택 가격은 수도권과 지방이 각각 다른 이유로 조정 국면에 들어섰다.

이명박 정부는 2008년 2월부터 2013년 2월까지 5년간 집권했다. 보금자리주택으로 강남의 주택 가격을 안정시키고 대대적인 재건축과 재개발 정책을 펼치면서 시장의 수요에 맞는 적절한 주택 공급 정책을 펼쳤다. 그래서 노태우 대통령 이후 또 한번 장기간 주택 가격을 안정시키는 결과를 가져왔다.

인구수는 2007년도 기준 4,868만명에서 2012년도 기준 5,019만명으로 3.1% 증가했다.

1인당 GDP는 2007년도 기준 2만 4,088달러에서 2012년도 기준 2만 5,458달러로 5% 상승했다.

서울의 평균 주택 매매 가격은 -3% 하락했고, 전세 가격은 32% 상승했다. 전국의 평균 주택 매매 가격은 15%, 전세 가격은 39% 상승했다.

박근혜 정권

[2013년 2월 ~ 2017년 3월]

	노태우 1988.2~1993.2	김영삼 1993.2~1998.2	김대중 1998.2~2003.2	노무현 2003.2~2008.2	이명박 2008.2~2013.2	박근혜 2013.2~2017.3	문재인 2017.5~2022.5
국제정세	1991 일본왕어버린30년		2000 닷컴버블		2008 미국리먼사태		2020
국내정세	1988 서울올림픽	1996 OECD가입 1997 IMF외환위기	2002 한일월드컵				2018 평창동계올림픽
주요건축물 (준공)	1988 한국종합무역센터			2008 서초삼성타운	2009 판교테크로밸리 2012 서울국제금융센터	2014 부산국제금융센터 2014 포스코타워송도	
주택정책 방향	공영택지개발 분양권 규제	공공참여최소화 금융투명성강화	분양권,세금,대출 완화 재건축재건A 도심외곽개발 공영택지개발 임대주택확대	분양권,세금,대출 규제 재건축재건A 도심외곽개발 공영택지개발 임대주택확대	수도권 공영택지개발 민간주도 주택공급 도심개발 재건축지원A 용적율상향A	민간주도 주택공급 도심개발 재건축지원A 용적율상향A	분양권,세금,대출 규제 재건축재건A 도심외곽개발 공영택지개발 임대주택확대
신규제도 도입	1989 토지공개념 1989 분양가원가연동제 1990 전월세안정대책 (임대차기간 1년 → 2년)	1993 금융실명제 1994 주택임대사업법 1995 부동산실명제	1996 토지공개념 폐지 1998 외국인부동산개방 2002 대출LTV도입	2004 다주택자양도세중과 2005 종합부동산세 2005 대출DTI도입 2006 재건축초과이익환수제			2020 주택임대사업자 폐지 2020 임대3법 (2년 + 2년연장/5%상한)
주택공급	1988 주택200만호		2002 국민주택100만호	2003 임대주택150만호	2008 주택500만호	2013 행복주택	2017 임대주택85만호
그린벨트 해제면적			그린벨트782㎢해제	그린벨트654㎢해제	그린벨트88㎢해제	그린벨트32.8㎢해제	그린벨트30㎢해제
	규제	완화		규제	완화		규제
서울 매매	70%↑	2%↑	59%↑	56%↑	-3%↓	12%↑	15%↑
서울 전세	92%↑	13%↑	68%↑	11%↑	32%↑	29%↑	2%↑
전국 매매	69%↑	3%↑	38%↑	33%↑	15%↑	10%↑	3%↑
전국 전세	82%↑	21%↑	62%↑	11%↑	39%↑	21%↑	-2%↓
1인당 GDP	128%↑	52%↑	6%↑	82%↑	5%↑	15%↑	8%↑
평균주택	연면균 64.7만호 (민간43.7, 공공21.0)	연면균 62.6만호 (민간39.1, 공공23.5)	연면균 46.8만호 (민간33.3, 공공13.5)	연면균 50.7만호 (민간37.0, 공공13.7)	연면균 45.4만호 (민간32.1, 공공15.3)	연면균 61.2만호 (민간53.8, 공공7.4)	연면균 56.5만호 (민간48.1, 공공8.4)
주택수	716만호	920만호	1,096만호	1,249만호			
610만호							

[출처: 한국은행, 한국부동산원, 국토교통부 및 자체수집 자료]

2012년 12월 19일 대통령 선거에서 박근혜 51.55%, 문재인 48.02%로 박근혜가 대통령에 당선되었고 2013년 2월에 취임했다.

대체적으로 침체되어 있는 주택 경기를 되살리기 위해서 대출 및 세금에 대해 완화하는 정책을 펼쳐 나갔다. 주택 공급의 방향은 도심 개발과 민간 주도 개발이었다.

2013년도에 그린벨트를 해제하는 보금자리주택의 계획을 중단하고 철도 부지, 유휴 국공유지, 미매각 공공시설용지 등 도심내 공공이 보유한 부지에 주택을 건설하는 행복주택을 발표했다.

2014년도에 부산국제금융센터와 포스코타워송도가 준공되면서 항구 도시인 부산과 인천을 무역과 금융 중심지로 개발하려 했다.

2015년도에 뉴스테이를 계획했다. 기존의 임대 주택이 서민을 타겟으로 공급되었다면 뉴스테이는 중산층을 위한 임대 주택을 민간이 건설하고 공급하는 것이었다.

2016년도에 잠실에 롯데월드타워가 지어지면서 대한민국을 대표하는 랜드마크 건물로 자리잡았다.

2016년도에 들어서면서 주택 시장이 과열되기 시작했고 11월 3일에는 주택 규제 정책을 발표했다. 분양 시장의 과열을 억제하는 것이 주요 목적이었기 때문에 실수요자의 금융 지원은 계속 유지되었다.

박근혜 정부는 2013년 2월부터 2017년 3월까지 4년 1개월간 집권했다. 민간 주도의 주택 공급을 최대한 지원하면서 재개발 및 재건축을 통한 도심 개발을 추진했다.

인구수는 2012년도 기준 5,019만명에서 2017년도 기준 5,136만명으로 2.3% 증가했다.

1인당 GDP는 2012년도 기준 2만 5,458달러에서 2017년도 기준 3만 1,605달러로 24.1% 상승했다.

서울의 평균 주택 매매 가격은 12%, 전세 가격은 29% 상승했다. 전국의 평균 주택 매매 가격은 10%, 전세 가격은 21% 상승했다.

「주택시장학 개론」

문재인 정권

[2017년 5월 ~ 2022년 5월]

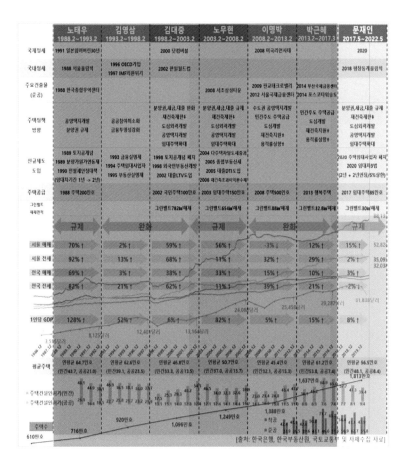

[출처: 한국은행, 한국부동산원, 국토교통부 및 자체수집 자료]

2017년 5월 9일 대통령 선거에서 문재인 41.08%, 홍준표 24.03%, 안철수 21.41%로 문재인이 대통령에 당선되었고 2017년 5월 10일에 취임했다.

이전 정권 후반부에 시작된 주택 가격의 상승이 정권 교체로 본격화되기 시작했다. 과거 노무현 정권의 학습 효과로 진보 정당이 정권을 잡으면 주택 가격이 상승할 것이란 기대가 있었다.

2017년 8월 2일에 주택 규제 정책을 발표했다. 재건축 및 재개발을 규제하는 것을 시작으로 분양권, 대출, 세금에 걸친 전반적인 규제 내용을 포함시켰다. 그리고 특정 지역을 규제 지역으로 선정해서 강력한 주택 규제 정책을 추진했다. 공급 대신 강력한 규제로 주택 가격을 안정시키려 했다.

2018년 2월에는 평창동계올림픽을 개최했다. 15개 종목에 2,833명의 선수들이 출전했고 우리나라는 금 5개, 은 8개, 동 4개로 7위를 차지했다. 우승은 14개의 금메달을 획득한 노르웨이가 차지했다.

대책 이후 주택 가격이 일시적으로 안정되는 것 같았으나 2018년 8월을 기점으로 주택 가격은 다시 한번 급격히 상승했다.

정부는 2018년 9월 13일에 더 강화된 주택 규제 정책을 내놨다. 기존의 정책에서 세금, 대출 등의 규제를 더욱 강화하고 규제 지역을 확대해 나갔다. 그러나 주택 가격은 2019년 7월부터 조금씩 상승해서 12월을 기점으로 또 다시 급격히 상승했다.

2019년 12월 16일에 다시 한번 더 강력한 정책을 발표했다. 9억이상 주택의 대출 LTV를 20%로 낮추고 15억초과 주택의 대출을 전면 금지한다는 것이 주요 내용이었다. 하지만 주택 가격은 지속적으로 상승했다.

2020년 6월 17일에 규제 지역 확대, 유주택자의 전세 대출 제한, 법인의 주택 구입 제한 등의 정책을 펼쳤다. 이번에는 학습 효과 때문인지 가격 조정 없이 대책 발표에 맞춰 주택 가격이 바로 상승했다.

2020년 7월 10일에 한달도 채 지나지 않아 규제 정책을 추가로 발표했다. 취득세를 2채 구입 시 8%, 3채 구입 시 12%로 인상하고 주택임대사업자의 신규 등록과 연장을 제한하면서 다주택자를 규제했다. 그동안 주택의 매매 가격이 너무 많이 올랐던 탓인지 이번에는 전세 가격이 매매 가격과의 간격을 좁혀 나갔다.

2020년 7월 31일에 임대차 3법을 시행했다. 치솟는 전세 가격을 안정시키기 위한 목적으로 임대차 계약 2년 연장 권리와 연장할 때 5% 상한 제한을 개정했다. 실질적으로 임대차 기간이 2년에서 4년으로 변경되었다. 전세 가격을 안정시키려는 목적이었으나 반대로 전세 가격을 급격히 상승시키는 결과를 가져왔다. 2년마다 나왔던 매물들이 4년으로 변경되면서 시장에서 매물의 절반이 잠겨버렸다. 수천 만원에서 수억 원까지 전세 가격이 상승했다. 덩달아 월세 가격도 뒤이어 상승했다.

　정부는 그동안 다주택자와 법인이 주택 가격 상승의 주범이라고 발표했지만 그와 달리 두 주체의 손발이 모두 묶인 이후에도 주택 가격이 상승했다. 뒤늦게 공급 부족을 주요 원인으로 인정했다. 그래서 2020년 8월 10일에 3기 신도시와 함께 구체적인 공급 정책을 서둘러 발표했다.

　3기 신도시 공급이 수도권 주택 가격 안정에 얼마나 영향을 줄지는 지켜봐야 한다. 지금까지 발표된 내용으로 볼 때 3기 신도시는 임대 주택 비율이 70%가 넘는다. 그래서 최근 지어진 브랜드 분양 주택과의 경쟁력이 다소 떨어질 것으로 예상된다. 그리고 공급 시점도 문제다. 구역 지정은 어느 정도 이루어졌으나 부지 확보가 완료되지 않아서 실질적인 공급까지는 많은 시간이 소요될 것이기 때문이다. 현실적으로는 2027년 이후에 공급될 것이다. 공급되는 위치도 중요한 판단 기준이다. 향후에 공급이 시작된다고 할지라도 그곳이 시장에서 요구하는 위치의 공급인지도 살펴봐야 한다. 예정된 대부분의 공급이 서울 외곽 지역이고 서울의 주택 수요 분산을 목적으로 하고 있다. 시장에서 요구하는 것은 일자리가 많은 도심의 주택 공급이다. 이러한 수요에 맞는 공급을 위해서는 낡은 주택을 부수고 용적률을 상향해서 재건축과 재개발로 도심에 많은 수량의 주택을 공급해야 한다.

　2020년 10월 1일 추석이 지나고 또 다시 주택 가격이 상승했다. 전세 가격이 오르면서 매매 가격을 안정적으로 받쳐주는 역할을 했고 추가적인 매매 가격의 상승으로 이어졌다.

향후 주택 가격을 전망해 보면 최소한 이번 정권이 끝날 때까지는 주택 가격이 지속적으로 상승할 것으로 예상한다. 왜냐하면 주거 안정의 주요 해결책인 도심의 주택 공급이 현 정부의 정책에 의해 차단되어 있기 때문이다. 그리고 그다음 정권에서 펼치는 정책에 따라서 그 방향은 달라질 것이다.

문재인 정부의 집권 기간은 2017년 5월부터 2022년 5월까지이다. 집권 기간 내내 강력한 주택 규제 정책을 펼쳤으나 주택 가격은 반대로 움직였다. 그리고 수도권과 지방, 대도시와 중소 도시의 주택 가격 흐름이 구분되었다는 것이 특징이다. 인구수는 2017년도 기준 5,136만명에서 2019년도 기준 5,170만명으로 0.6% 증가했다. 1인당 GDP는 2017년도 기준 3만 1,605달러에서 2019년도 기준 3만 1,928달러로 0.1% 상승했다. 서울의 평균 주택 매매 가격은 15%, 전세 가격은 2% 상승했다. 전국의 평균 주택 매매 가격은 3% 상승했고 전세 가격은 -2% 하락했다.

3화 | 주택 공급과 가격

주택을 구입하기 전에 반드시 해야 할 일 중에 하나는 해당 지역의 주택 공급 물량을 확인하는 것이다. 주택의 공급 물량은 주택 가격을 결정하는 최종적인 역할을 하기 때문에 지금의 가격이 무릎인지 어깨인지 알 수 있게 해준다.

수요와 공급의 법칙에 따르면 주택 수요가 발생된 상황에서 주택 공급이 부족하다면 주택 가격이 상승하고 반대로 충분한 공급이 이루어지면 조정을 받는다. 아무리 일자리가 많거나 학군이 좋은 곳이라고 할지라도 주택 공급이 많은 상황에서는 예외가 허용되지 않는다. 주요 지하철역에서 가깝거나 개발 호재가 있어도 마찬가지다.

2008년도 이후에 건설사 출신의 정치인이 대통령에 당선되면서 서울을 통째로 개발할 만큼의 역대급 호재가 쏟아져 나왔으나 주택 공급 물량이 많아지면서 오히려 주택 가격은 조정을 받았다.

이와 반대로 2017년도 이후에는 주택 규제가 역대급으로 쏟아졌으나 주택 공급 물량이 줄어들면서 오히려 주택 가격은 상승하는 결과로 이어졌다.

그러므로 주택을 구입하기 전에 공급 물량을 꼼꼼히 확인한다면 주택 가격의 최저점을 찾아내어 최고의 타이밍을 잡을 수 있을 것이다.

주택의 신규 공급량

주택 가격을 예측하는 가장 쉽고 효율적인 방법을 하나만 선택하라고 한다면 당연히 주택의 신규 공급량을 파악하는 것이다. 왜냐하면 그 효과가 시장에 미치는 영향이 매우 크기 때문이다.

신규 공급량은 일시에 많이 발생하기 때문에 물량 소화를 위해 시세보다 낮은 가격을 형성한다. 그래서 주변 아파트 및 빌라 가격을 안정시키는 효과가 있다. 향후 신규 공급량이 많은 것으로 확인된다면 매매에 있어서 신중하게 접근해야 할 것이고 이미 매수를 했다면 가격 조정에 대비해야 한다.

반면 신규 공급량이 모두 소화되고 향후에도 그 수량이 적을 것으로 확인된다면 가격 상승을 기대하면 된다. 분양 매물이 적으므로 일반 매물이 시장에서 시세대로 거래될 것이고 그때마다 대체적으로 가격이 상승할 것이다. 각종 규제를 한다고 할지라도 거래량만 줄어들고 시세를 형성하는 일반 매물은 그대로 거래가 되기 때문에 가격 상승을 막기는 쉽지가 않다.

주택의 신규 공급량을 파악하기 위해서는 주택의 인허가, 착공, 준공 실적을 확인해야 한다. 인허가 실적을 확인하면 현재 주택 시장의 상황

및 정부의 주택 공급 의지와 방향을 어느 정도 예측할 수 있다. 인허가 이후에 이루어지는 착공 실적을 확인하면 실질적인 주택 분양 물량을 알 수 있고 준공 시점을 예측할 수 있다.

일반적으로 아파트의 경우는 착공 이후 준공까지 약 3년 6개월의 건축 기간이 소요된다. 준공 실적을 확인하면 현재의 주택 공급량과 상황을 알 수 있다. 준공 이후 보통 6개월간 입주 기간을 갖는다.

다음의 그래프는 국토교통부에서 제공하는 주택 인허가, 착공, 준공 실적이다.

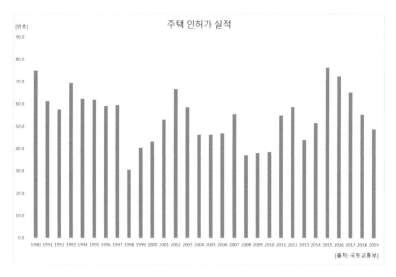

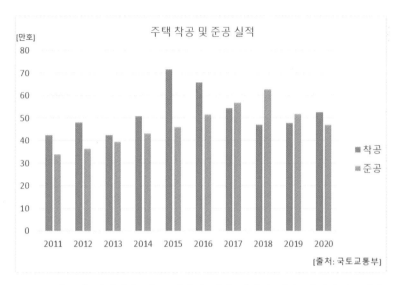

주택 착공 및 준공 실적

[출처: 국토교통부]

2015년도에 인허가와 착공 실적이 가장 많았던 것을 확인할 수 있다. 그리고 3년 후 2018년도에 준공 실적이 최고점에 도달했고 2019년도부터는 줄어들었다.

실제 주택 가격도 준공 실적이 많았던 2018년도에는 대체로 보합세를 유지했고 준공 실적이 줄어들기 시작한 2019년도부터는 전반적으로 상승하는 흐름을 보여준다. 주택의 신규 공급량이 주택 가격에 직접 영향을 미쳤음을 알 수 있다.

다음의 그래프는 부동산 지인 사이트에서 제공하는 아파트의 공급량(입주량)과 예상 수요량이다.

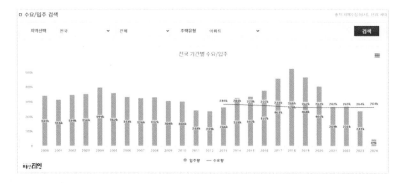

착공과 준공 실적을 조합해서 공급량을 하나의 그래프로 나타내고 있다. 또한 최근 20년간 인구수 대비 공급량 비율의 평균을 나타내는 0.5% 계수를 적용하여 예상 수요량과 공급량을 쉽게 비교할 수 있도록 잘 정리된 그래프를 한눈에 볼 수 있다. 예상 수요량이 실제 주택 시장의 수요를 100% 반영한다고 할 수는 없지만 공급량을 확인하는 부분에 있어서 연도별 비교 및 분석을 위한 기준점이 될 수 있으므로 의미가 있다.

공급량을 나타내는 파란색 막대가 예상 수요량을 나타내는 붉은색 가로선보다 높으면 적정 공급량이 초과했다고 예측할 수 있고 그 반대로 파란색 막대가 붉은색 가로선보다 낮으면 적정 공급량이 부족하다고 예측할 수 있다.

다음은 서울특별시, 경기도, 부산광역시의 공급량과 예상 수요량이다.

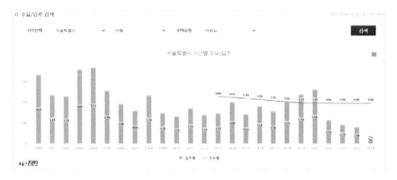

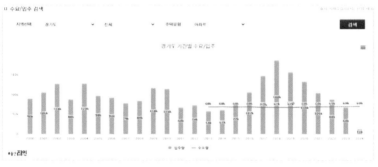

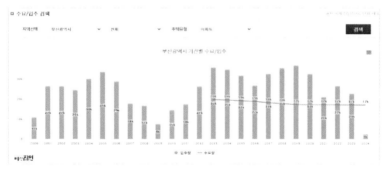

　이와 같이 원하는 도시를 선택해서 공급량과 예상 수요량을 개별로 확인할 수 있다. 더 세부적으로 서울특별시의 강남구, 분당구, 경기도의 화성시 등 시군구 단위까지도 선택해서 확인할 수 있다.

「주택시장학 개론」

주택의 미분양 물량

주택의 신규 공급량이 과다하거나 적절한 수요가 받쳐주지 않으면 미분양이란 결과를 낳게 된다. 그 물량이 쌓여서 수량이 많아지면 주택 가격에 커다란 영향을 미친다. 대체적으로 분양 가격은 시장의 가격보다 낮다. 그리고 분양 매물은 일반 매물과는 달리 거래가 되어도 호가가 상승하지 않는다. 주택의 가격 상승에 큰 걸림돌이 되는 것이다.

신규 공급량이 부족하더라도 미분양 물량이 쌓여 있다면 주택 가격의 조정을 피할 수가 없다. 그래서 주택의 신규 공급량 이전에 미분양 물량을 먼저 확인해야 한다.

다음의 그래프는 각 지역별 주택 미분양 물량을 나타낸다.

경기도를 살펴보면 2013년도와 2015년도에 미분양 물량이 많았던 것

을 알 수 있다. 그리고 그 이후에 미분양 물량이 감소하고 이어서 신규 공급량도 감소하면서 주택 가격 상승이 본격화되기 시작했다.

이렇듯이 미분양 물량과 주택 가격의 연관성은 상당하므로 주택 가격의 흐름을 알기 위해서는 반드시 확인해야 한다.

다음은 부동산 지인 사이트에서 제공하는 경기도 용인시의 주택 미분양 물량이다.

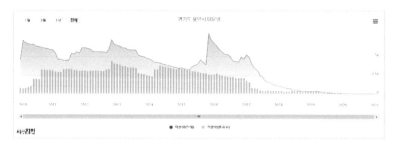

원하는 지역을 선택하면 그 지역의 전체 미분양 물량과 준공 후 미분양 물량을 구분해서 볼 수 있다. 그리고 개별 주택별로 구체적인 물량과 정보를 알 수 있다.

경기도 용인시의 미분양 물량은 2016년도에 8,156건으로 최고점을 찍었고 2017년도 이후에 급격히 감소하면서 2020년도에는 0건에 가까워지면서 모든 물량이 소화되었다. 물량이 급격하게 감소되기 시작한 시점인 2017년도부터 주택 가격 또한 상승하기 시작했고 물량이 모두 소화된 시점인 2020년도부터는 더 큰 상승이 이어졌다.

「주택시장학 개론」

기존 주택의 거래량

신규 주택은 분양사무소를 통해서 대부분 거래되고 기존 주택은 부동산중개사무소를 통해서 대부분 거래된다. 자동차나 스마트폰과 비교해서 설명하면 기존 주택의 거래는 중고 매물의 거래이다.

그렇다면 부동산중개사무소를 중고 주택 매장 또는 기존 주택 중개사무소라고 부르는 것이 더 적합하고 어울리지 않을까? 하지만 그렇게 부르지는 않는다. 고가라는 인식 때문이라고도 하지만 또다른 이유가 있다. 그것은 주택의 거래량을 보면 알 수 있다.

다음은 2019년도 전국 아파트의 가격대별 실거래량 통계이다.

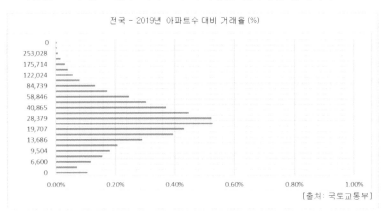

[출처: 국토교통부]

2019년도 대한민국 GDP 3만 1,838달러 수준과 주택 시장 상황을 고려하여 비교적 부담이 적은 가격대인 2억원에서 3억원 사이에 거래량이 가장 많이 나타나고 있고 가격이 상승할수록 거래량이 줄어드는 것을 알 수 있다.

다음은 전국의 주택수 및 주택 거래량 통계이다.

[단위: 호]

항목	2015년	2016년	2017년	2018년	2019년
주택수	19,559,100	19,877,100	20,313,400	20,818,000	21,310,100
전체 거래량	2,529,690 (12.93%)	2,451,067 (12.33%)	2,407,481 (11.85%)	2,439,534 (11.72%)	2,382,257 (11.18%)
매매 거래량	1,193,691 (6.10%)	1,053,069 (5.30%)	947,104 (4.66%)	856,219 (4.11%)	805,272 (3.78%)
전월세 거래량	875,846 (4.48%)	883,223 (4.44%)	891,168 (4.39%)	946,821 (4.55%)	1,058,901 (4.97%)
신규 공급량	460,153 (2.35%)	514,775 (2.59%)	569,209 (2.80%)	636,494 (3.06%)	518,084 (2.43%)

[출처: 국토교통부]

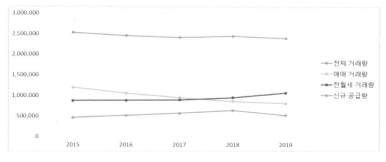

주택의 신규 공급량이 많았던 2018년도를 기준으로 비교해 보자. 전국의 주택수는 2,081만호이다. 이중에서 주택의 거래량은 총 243만건 (11.72%), 매매 85만건(4.11%, 분양권 전매 포함), 전월세 94만건 (4.55%)이다. 반면 주택의 신규 공급량은 63만건으로 3.06%에 불과하다.

2018년도와 같이 주택의 신규 공급량이 많은 시기라고 할지라도 기존 주택의 거래량이 훨씬 더 많은 것을 알 수 있다. 자동차와 스마트폰과 달리 중고 매물이 주요 거래 대상이다. 주택의 가격도 기존 주택의 거래에 의해 형성된다. 신규 주택의 분양가는 기존 주택 대비 낮은 가격에 공급되므로 기존 주택의 거래에 의해 시세가 형성된다.

위 주택 거래량 그래프를 자세히 살펴보면 2015년도에서 2019년도로 갈수록 전체 거래량이 12.93%에서 11.18%로 1.75% 줄었다. 매매 거래량도 6.10%에서 3.78%까지 2.32% 줄었다. 전월세 거래량은 4.48%에서 4.97%로 소폭 증가했다. 거래량이 이렇게 감소했음에도 불구하고 이시기에 우리는 지속적인 주택 가격의 상승장을 경험했다. KB부동산 통계에 따르면 2015년도부터 2019년도까지 서울의 아파트 가격은 무려 34%나 상승했다.

여기까지 나타난 현상을 두고 분석해보자. 기존 주택의 거래량과 주택가격은 어떠한 관계가 있을까? 앞서 우리는 주택의 신규 공급량과 미분양 물량의 변화를 간단히 살펴봤다. 주택의 신규 공급량이 증가하거나 미분양 물량이 쌓이면 주택 가격이 조정받고 그 반대의 경우에는 상승으로 방향을 바꾼다.

그렇다면 기존 주택도 유사한 현상이 나타날까? 2015년도부터 2019년도까지 주택 가격이 상승했고 가격 부담에 기존 주택의 수요가 줄어들면서 거래량도 줄었다. 자본주의의 수요와 공급의 법칙이 그대로 반영되었다. 이 법칙에 의하면 이후 과정은 수요 감소로 거래량이 줄어들면서 매물이 쌓여 공급량이 늘어나게 되고 가격 조정을 받는다는 것이다.

대표적으로 주식에서는 이러한 현상이 그대로 나타난다. 삼성전자 주식의 가격이 오르면 가격 부담으로 거래량이 줄어들고 가격이 하락한다. 일정 수준까지 하락하고 나면 다시 거래량이 늘어나면서 가격이 상승한다. 실제로 이러한 현상을 기대하고 주택 가격이 하락할 때까지 주택 구입을 망설이는 사람들이 아주 많다. 이유를 확인해보면 역시나 가격이 너무 많이 올라서 부담스럽고 향후에 어느 정도 내릴 것 같다는 것이다.

얼핏 보면 위 주장이 상당히 설득력 있게 들린다. 별도의 노하우나 경험이 없다면 내면에 있는 불안한 감정과 결합해서 주택을 구입하지 않거나 일정 기간 구입을 보류하는 선택을 할 가능성이 높다. 주택 시장에서 가격 상승을 경험해본 사람들은 부동산은 자본주의와 함께 오르게 되어 있으니 걱정하지 말라고 할지도 모른다. 그런데 주식도 내리지 않던가? 부동산도 내렸던 적이 있지 않던가? 대체 어떠한 선택을 해야 할지 망설이게 된다.

결론부터 밝히자면 기존 주택의 가격이 상승해서 거래량이 줄어들고 매물이 쌓여서 가격이 하락하거나 조정 받을 것이란 걱정은 하지 않아도 된다. 일시적인 조정은 있을지 모르겠지만 그 조정이 특별한 사유가 있지 않는 한 1년 이상을 넘기지 못한다.

주택은 의식주의 주이다. 즉, 필수재다. 취업, 결혼, 수익실현, 이혼, 파산, 사망 등의 이유로 매년 약 12%의 주택은 매매, 전세, 월세 등의 형태로 거래가 이루어진다. 특히 가을 이사철이 되면 10월달부터 시작해서 쌓여 있었던 매물들이 소화되고 거래가 일시에 몰리면서 주택의 가격은 상승할 가능성이 매우 높아진다.

수많은 해외 부동산 디벨로퍼들의 주장에 의하면 주택을 매도해야 하는 특별한 이유는 이혼, 파산, 사망 이외에는 없다고 한다. 우리나라의 주택 역사는 1945년도 해방 이후에 한 세기가 아직도 넘지 않았다. 그래서 수백 년간의 경험과 노하우가 축적된 해외 부동산 디벨로퍼들의 주장에 귀를 기울일 필요가 있다. 이 부분을 고려하면서 우리가 주택을 매도해야 하는 경우의 수를 하나씩 상세하게 살펴보자.

첫 번째, 주택 가격이 상승해서 매도 후 시세 차익을 기대하는 경우이다.

A주택을 5억에 구매했다고 가정하자. 3년 후에 폭발적으로 상승해서 8억이 오른 13억에 거래가 되고 있다. 이쯤 되면 시세 차익을 위해서 팔려는 생각을 하게 될 것이다. 부동산중개소에 올려보지만 너무 많이 올라서 구입하려는 사람들이 잘 나타나지 않는다. 부동산중개소 소장님은 8억이나 벌었으니 1억을 낮춰서 12억에 팔라고 권유한다.

하지만 주인 입장은 다르다. 13억에 거래된 이력이 있기 때문에 1억이나 손해를 본다고 생각한다. 그래서 매물을 거둬들이고 보류할 가능성이 높아진다. 이러한 이유로 매물이 무한정 쌓이지 않고 거래량이 없더라도 가격 하락보다는 보합세가 이어진다.

1년뒤에 거래가 다시 살아나면서 시세가 15억이 되었다. 다시 한번 매도하려고 알아보지만 때마침 주택 규제가 강화되어서 양도세가 무려 50%나 과세된다. 언론에서는 시간이 지나면 과세가 더 심해질 것이라고 말한다.

과연 이 상황에서 어떻게 할까? 대부분 매물을 모두 거둬들이고 증여를 하거나 장기 보유로 전환할 것이다. 다른 별다른 방법이 없으니 당연한 수순이다. 그렇다고 무조건 팔아야만 하는 이유도 없다.

두 번째, 새로운 곳에 직장을 얻거나 새로운 부서에 발령받아서 기존 주택을 팔고 이사를 해야 하는 경우이다.

분당에 거주하면서 강남에 출퇴근 하던 중 세종시로 이직하거나 또는 새로운 부서로 발령받아서 가족이 반드시 이사를 해야 한다고 가정해 보자. 어떤 선택을 하겠는가? 기존 주택을 팔면 시세 차익이 10억이고 세금이 50%인 5억이다. 세금을 내고 매도하겠는가? 아니면 전세나 월세를 놓겠는가? 대부분 전세나 월세를 놓는 것을 선택한다. 세금을 5억이나 내면서 매도해야 할 특별한 이유가 없다. 결국은 또 다른 대안이 생길 때까지 장기 보유로 전환할 것이다.

세 번째, 자녀의 학업을 위해서 이사하는 경우를 생각해보자.

대부분 초등학교부터 시작될 것이다. 어느 지역에 거주하는가에 따라 초등학교 배정이 달라지므로 좋은 학군에 배정받기 위해 이사를 하고자 한다. 5억의 세금을 내면서 기존 주택을 매도하고 이사를 감행할 것인가, 아니면 기존 주택에 전세나 월세를 놓고 이사할 것인가. 아마도 기존 주택을 파는 경우는 결단코 없을 것이다. 역시나 매도할 특별한 이유가 없다.

네 번째, 보유하고 있는 자산의 가치보다 대출과 세금의 합계가 더 많은 상태에서 자금 흐름이 막혀 파산하는 경우이다.

주택과 자동차 등의 재산에 압류가 들어오고 경매나 공매로 넘겨져서 강제로 처분된다. 이 경우는 막을 수가 없다. 주택의 처분을 원하지 않는다고 할지라도 강제로 집행되면서 매물로 나오게 된다.

다섯 번째, 이혼의 과정을 거치면서 재산 분할 문제가 발생하는 것이다.

기존에 살고 있던 주택에 더 이상 같이 거주하기가 어려운 상황이 되고 재산도 분할해야 한다. 그래서 살고 있던 주택을 즉시 처분하는 경우가 많다. 조금 더 높은 가격을 받기 위해서 서로 상의하고 기간을 미루는 것은 처해진 상황상 쉽지 않다. 결국은 매물로 나오게 된다.

여섯 번째, 직접적인 죽음에 직면했거나 그 시점이 점점 더 가까워지면서 재산을 정리하는 경우이다.

재산을 가족들에게 물려주거나 노후자금으로 사용하기 위해서 주택을 매물로 내놓게 된다. 파산하거나 이혼하는 경우에는 경매로 매물이 나올 가능성이 높지만 이러한 경우 부동산중개사무소를 통해 일반적인 매물로 저렴하게 나올 가능성이 높다. 더 이상 여유를 가질 수 있는 입장이 아니기 때문에 가격을 저울질하면서 매도 기간을 무한정 미루기는 쉽지 않을 것이다. 결국은 매물로 나오게 된다.

실제로 거래 가격이 높은 고가의 아파트나 건축을 할 수 있는 단독주택은 수십억의 호가가 형성되므로 매수자와 매도자 간의 가격 합의가 쉽게 이루어지지 않는다. 그래서 거래가 거의 없는데 가끔 한 번씩 급매물로 거래된다. 거래된 매물의 매도자 나이를 조회해 보면 70세 이상이 대부분이다.

지금까지 주택을 매도해야 하는 이유 여섯 가지를 살펴봤다. 이중에서 반드시 매도해야 하는 특별한 이유는 파산, 이혼, 죽음 세 가지로 요약된다. 특별한 이유가 없다면 주택이 시장에 매물로 나올 가능성은 매우 낮다. 그래서 주택 가격이 상승하면 거래량만 줄어들고 가격은 하락하지 않는 하방 경직성이 강하게 나타난다.

결론 및 응용하기

▌결론

주택의 공급량에 대한 결론을 내리고자 한다. 주택의 신규 공급량, 미분양 물량, 기존 주택 거래량으로 구분해서 살펴보았다.

기존 주택의 거래량이 증가해서 가격이 상승하면 가격 부담에 주택 수요와 거래량이 함께 줄지만 파산, 이혼, 사망의 특별한 이유가 없다면 매물로 나오지 않는 경향이 있기 때문에 기존 주택의 공급도 함께 감소한다. 그래서 매물 적체 현상이 발생하지 않고 가격 또한 하락하지 않는다.

반면 주택의 미분양 물량과 신규 공급량은 주택을 생산하고 판매하는 시행사가 사업의 목적에 따라 대량으로 생산한 후 매물 소화를 위해 시세보다 저렴한 가격에 매물을 내놓기 때문에 주택 가격 상승을 강하게 억제하는 효과가 나타난다.

미분양 및 신규 분양 주택의 특징

① 기업 및 정부가 공급의 주체이다.

② 분양사무소를 통하여 거래된다.

③ 선분양 시스템을 적용하여 착공 이전에 분양을 실시하고 자금을 마련한다.

④ 기존 주택보다 낮은 가격에 분양을 실시해서 많은 매물을 일시에 소화한다.

⑤ 분양이 완료될 때까지 일정한 가격을 유지해서 기존 주택의 가격 상승을 억제한다.

기존 주택의 특징

① 가계가 공급의 주체이다.

② 부동산중개사무소를 통하여 거래된다.

③ 매물이 분산되어서 시장에 나온다.

④ 거래가 이루어질 때마다 가격이 상승한다.

⑤ 파산, 이혼, 사망 등 특별한 사정이 없다면 급하게 매물로 내놓을 이유가 없기 때문에 가격이 떨어지지 않는다.

⑥ 주변에 미분양과 신규 분양 주택이 많지 않다면 1년을 주기로 이사를 하면서 매물이 해소된다.

■ 응용하기

대출 규제, 세금 강화 등의 주택 규제 정책은 기존 주택의 거래량에 주로 영향을 미치게 된다. 그리고 주택 공급에 대한 정책은 주택의 미분양 물량과 신규 공급량과 연관성이 높다. 그래서 주거 안정의 목표를 이루기 위해서는 주택 규제 정책보다 주택 공급 정책에 집중해야 한다는 주장에 신빙성이 있고 과거에 일어났던 사실들을 살펴봤을 때 실제로 그러했다.

다음은 연도별 아파트 가격 추이 및 주요 사건에 대한 그래프이다.

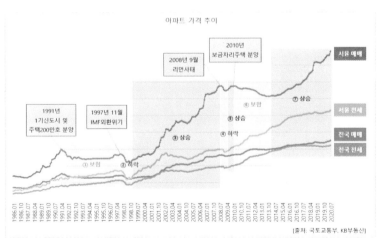

아파트 가격 추이는 특정 사건이 일어났을 때를 제외하고 전반적으로 우상향했다.

'①보합', '⑥보합'과 같이 아파트 가격이 오랫동안 보합 상태를 유지 했던 시기를 살펴보면 주택의 신규 공급 계획이 있었고 실제로 효과석으 로 실행되었다.

'①보합' 시기에는 1991년도에 노태우 대통령이 1기 신도시 및 주택 200만호 공급 정책을 계획하고 적극적으로 실행했다. 이후 김영삼 대통 령이 집권하는 시기까지 지속적으로 매년 60만호 이상 주택의 신규 공 급량이 발생했다. 그로 인해 주택의 미분양 물량이 지속적으로 쌓였고 주택 가격은 그 물량들이 소화되는 1996년도 후반까지 오랫동안 보합 상태를 유지했다.

'⑥보합' 시기에는 2010년도에 이명박 대통령이 보금자리주택 공급 정책을 계획하고 강남을 중심으로 반값 아파트를 분양하기 시작했다. 저 렴한 주택 가격의 신규 공급량이 쏟아져 나오는 상황에서 기존 주택의 시세는 제대로 형성되기가 어려웠다. 그래서 집권하는 동안 내내 보합 상태를 이어갔다.

'②하락', '④하락'과 같이 아파트 가격이 일시적으로 하락했던 시기를 살펴보면 경제 위기로 인해 파산이라는 특별한 이유가 생겨났고 기존 주 택의 매물들이 일시적으로 쌓이면서 주택 가격은 하락했다.

'②하락' 시기에는 IMF 경제 위기가 발생했다. 우리나라의 외환고가 고갈되는 문제가 발생했고 기업들이 무너지고 많은 사람들이 실업자가 되면서 파산을 이유로 주택을 강제로 매도해야 하는 상황들이 한순간에 발생했다. 기존 주택의 매도 물량이 쌓이기 시작하면서 주택 가격의 하락을 불러왔다. 그러나 2년 만에 경제는 다시 회복되었고 주택 가격 또한 우상향으로 전환되었다.

'④하락' 시기에는 미국의 리먼사태 경제 위기가 발생했다. 파산을 이유로 주택을 강제로 매도해야 하는 상황들이 한순간에 발생하긴 했지만 우리나라의 경제는 1년 만에 금방 회복되면서 주택 가격 또한 우상향으로 전환되었다. 곧바로 이어진 '⑥보합' 상황은 리먼사태 경제 위기가 아닌 반값 아파트로 불리는 보금자리주택의 신규 공급을 원인으로 발생한 결과였다.

각각의 보합과 하락의 원인들을 살펴보면 일정한 원칙을 발견할 수 있다. 기존 주택의 매물이 급격히 쌓이는 상황은 경제 위기를 원인으로 발생한다는 것이고 매물을 내놓는 주체가 일반인이어서 매도 경쟁으로 가격을 낮춰서 내놓았으며, 이는 급격한 가격 하락으로 이어졌다. 그리고 회복되는 시기에는 물량 소화 과정 없이 물량을 거둬들이는 작업으로 인해 빠르게 가격 회복이 이루어졌다.

반면 주택의 신규 공급량이 늘어나는 상황은 매물을 내놓는 주체가 주택건설사업자이기 때문에 일정한 가격으로 내놓았고 가격의 하락보다 상승을 저지하는 보합으로 이어졌다. 그리고 가격이 회복되기 위해 반드시 물량 소화 과정을 거쳐야 했고 그 기간은 오랫동안 나타났다.

4화 | 유형별 주택 수요

주택 수요는 신규 수요, 교체 수요, 투자 수요의 세 가지 유형으로 나뉜다. 첫 번째 신규 수요가 있다. 직장을 구하거나 결혼해서 독립하면 새로운 가구가 생겨나고 거주할 주택을 찾는다. 두 번째 교체 수요가 있다. 생활 수준이 향상되면 이전의 구식 주택보다 새로운 시스템과 디자인으로 지어진 신규 주택으로 교체하기를 원한다. 세 번째 투자 수요가 있다. 실거주 목적 이외에 시세 차익이나 운영 이익을 위하여 주택을 매수한다. 이와 같은 세 가지 유형의 주택 수요를 잘 분석하고 이해하면 주택 가격의 흐름을 예측할 수 있다.

상품의 생산과 소비

자본 시장에서 상품을 생산하고 소비하는 원리를 이해해보자. 올해 시장에서 상품을 신규로 구입하는 수요가 많아 상품이 많이 부족했다면 내년에는 상품의 가격이 오르고 생산 및 공급이 추가로 뒤따라온다. 내년에도 그 상품을 구입하는 수요가 증가해서 상품이 부족하다면 내후년에는 더욱더 많은 상품이 생산될 것이다. 어느 시점에 상품을 구입하는 수요보다 생산하는 공급이 많아지면 가격 조정을 받고 생산량도 줄어들 것이다. 이러한 과정이 반복되면서 시장은 유지되어 간다.

시간이 지날수록 기존에 상품을 구입했던 고객이 누적될 것이다. 그 고객들은 신규 상품을 추가로 구입하는 것보다 기존 상품의 수명이 다할 때까지 유지 및 보수하며 사용한다. 일부는 중고로 거래하기도 한다.

일정 시점이 되면 매년 증가하던 신규 수요가 정체되거나 감소하는 시기가 온다. 자본주의 특성상 수요가 매년 지속해서 증가하지 못하면 점차 도태되어 간다. 그래서 반드시 일정 이상의 수요를 유지해야 한다. 신규 고객을 상대로 더 이상 수요를 증가시키지 못하는 상황에 이르면 기존 고객들을 상대로 그 수요를 보충해야 한다. 그 의미는 기존 상품의 물리적인 수명이 남았음에도 불구하고 추가로 더 구입할 수 있도록 유도하는 것이다. 즉 상품의 교체 수요를 불러일으키는 것이다.

교체 수요를 발생시키려면 기술, 성능, 디자인을 개발해서 소비자의 소비 욕구를 자극할 매력적인 상품을 출시하고 합리적인 가격을 제시해야 한다. 그래서 기업은 항상 신기술과 트렌드를 연구 개발해서 상품의 성능을 향상시키기 위해 노력한다.

▌ 수요 예시: 자동차 산업

자동차 산업을 예로 들어보자. 1970년대 이후 중화학 공업의 발전으로 인구와 소득이 급격히 증가하면서 신규 자동차의 소비 수요가 늘어났다. 지금은 가구당 약 1대의 자동차를 보유할 만큼 거대한 시장으로 성장했다. 이제까지 주요 상품은 아반테, 소나타와 같은 중소형급 자동차였다. 시간이 지남에 따라 인구 및 소득의 증가폭이 감소하기 시작했고 중소형급 자동차의 신규 수요 증가는 한계에 부딪혔다. 그래서 교체 수요를 불러 일으키기 위해 새로운 전략을 세우기 시작했다. 그 결과 주요 판매 상품을 한 단계 등급이 높은 그랜저, 제네시스와 같은 중대형급 이상으로 변경하고 홍보 및 판매를 하고 있다. 실제 TV 광고를 통해서도 중대형급 자동차의 노출 빈도가 높아졌음을 알 수 있다.

■ 수요 예시: PC

다른 산업들을 몇 가지 더 살펴보자. 1990년도부터 1995년도까지 5년간 PC가 급속도로 보급되었고 PC의 부품인 메모리칩을 공급하던 삼성전자는 활황을 맞이했다. 이후 더 이상의 신규 수요가 증가하지 않아 시장이 정체되었다. 2008년도부터는 PC보다 기술, 성능, 디자인 측면에서 우수한 노트북이 합리적인 가격에 보급되기 시작했다. PC를 이미 사용하고 있던 소비자로부터 교체 수요를 불러일으키면서 수요가 증가했고 또 다시 시장은 활성화되었다.

■ 수요 예시: 핸드폰

　핸드폰 시장의 경우도 마찬가지다. 2000년대에 핸드폰의 신규 수요가 급격히 증가했으나 일정 시점 이후 보급이 거의 다 이루어지면서 시장은 정체되었다. 하지만 획기적인 기술의 발전으로 스마트폰이 출시되면서 교체 수요를 불러일으켰고 시장은 다시 활성화되었다. 2017년도부터는 스마트폰의 보급도 거의 다 이루어지면서 핸드폰 시장은 또 다시 정체 상황으로 접어들고 있다.

▌수요 적용: 주택 시장

그렇다면 이러한 원리를 주택 시장에도 적용시켜보자. 1945년도 해방 이후 산업의 발전과 늘어나는 인구로 인해 주택의 신규 수요는 지속적으로 증가했다. 이를 해결하기 위하여 1970년도부터 한꺼번에 많은 양의 주택을 공급할 수 있는 아파트를 전략적으로 선택하여 대량으로 짓기 시작했다. 서울에는 여의도, 강남, 목동, 노원, 잠실 등에 대규모 공급이 이루어졌고 경기도에는 1기 신도시, 2기 신도시 등의 이름으로 많은 양의 아파트가 공급되었다. 지방의 각 도시에도 신도시가 계획적으로 공급되었다.

2010년도를 기점으로 주택 가격의 조정이 시작되었고 출산율이 급격히 줄어들기 시작하면서 아파트의 신규 수요는 한계점에 부딪히기 시작했다. 2013년도부터 정부의 주택 공급 정책에 변화가 찾아왔다. 매년 60만채 수준의 공급을 목표했던 것을 35만채 수준으로 낮추었다. 이러한 것이 당연했던 근거는 출생률의 감소로 10년 후에는 인구수가 감소하기 시작할 것으로 전망되었기 때문이었다.

이러한 과정 가운데 신규 주택을 공급하는 기업들은 주택의 교체 수요를 불러일으키기 위하여 이전부터 이미 새로운 주택 상품들을 꾸준히 개발해 왔다. 2000년대 이후에는 래미안, 힐스테이트, 푸르지오, 자이, 롯데캐슬, 더샵, e-편한세상, 아이파크 등의 브랜드 상품을 만들었고

2010년대 이후에는 주차장을 모두 지하로 옮기면서 지상을 공원화 하고 헬스장, 골프장, 수영장, 도서관 등의 시설들을 아파트 단지내에 위치시키는 등의 획기적인 기능을 갖춘 아파트를 공급했다. 이러한 노력들과 경제 성장으로 인한 생활 수준의 향상이 맞물리면서 교체 수요는 2017년도부터 눈에 띄게 증가했다. 그리고 코로나19 사태 때문에 집에서 생활하는 시간이 늘어나면서 주택의 중요성이 더욱더 부각되었고 교체 수요의 증가에도 탄력을 받았다. 지금도 여전히 교체 수요는 진행 중이다. 그리고 주택은 사용 주기와 수명이 긴 만큼 이러한 흐름은 수십 년에 걸쳐 지속될 것이다.

■ 주택의 수명과 사용 주기

2019년도를 기준으로 가구의 지속 주기를 계산해보면 결혼 적령기가 35세(여자 32세, 남자 38세)이고 평균 수명이 83.3세이므로 대략적인 중간점을 찾으면 약 48년이다. 보통 주택의 수명으로 일컫는 재건축, 재개발의 주기는 약 40년이다. 최근에는 수명의 증가로 가구의 지속 주기가 늘어나면서 재건축, 재개발의 주기도 50년에 가까워지고 있다. 가구의 지속 주기와 재건축, 재개발의 주기는 그 흐름을 같이 한다는 것을 알 수 있다.

2010년도 이후 많은 전문가들이 인구수가 감소하고 주택의 소비 수요가 정체되어 주택 시장은 유지 및 보수의 수요로만 흘러가는 정적인 시장을 예상했었다. 하지만 그 예상을 깨고 주택 시장은 활기를 띄고 있다. 이제는 시대가 확연히 변했다. 개발 도상국에서 선진국으로 진입했다. 산업이 발전하면서 생활 수준이 향상되었고 사회 구조가 성숙된 형태로 변화했다. 주택의 수명이 40년 ~ 50년이란 물리적인 부분에만 머무르지 않고 사회적인 요구를 반영하고 있다. 그래서 교체 수요가 빠르게 확산되고 있다. 생활 수준은 이미 전국의 주택이 새롭게 교체되어야 할 만큼 높이 올라와 있다.

주택의 신규 수요

주택의 신규 수요는 학업, 취업, 결혼, 이혼 등의 원인으로 가구수가 증가하면서 발생한다. 가장 보편적으로 결혼을 하면 새로운 가족이 형성되고 가구수가 증가한다. 결혼을 많이 해서 가구수를 증가시키기 위해서는 많은 자녀를 낳아 인구수를 늘려야 한다.

그러나 현대 사회는 그 구조가 매우 복잡하여 가구수가 증가하는 원인도 다양하게 나타난다. 취업 후 독립하면 새로운 1인 가구를 형성한다. 취업 이전에 학업의 이유로 일찍 독립하는 경우도 있다. 이혼하면 분가하게 되고 가구수 증가의 원인이 된다. 최근에는 수명이 증가하여 가구가 유지되는 기간이 길어져 가구수 증가에 영향을 미친다.

이러한 다양한 이유들로 인해 출생률이 급격하게 감소하고 있음에도 불구하고 가구수는 2040년도까지 증가할 것으로 통계청은 전망하고 있다. 지금부터 주택의 신규 수요에 대해 학업, 취업, 결혼, 이혼, 사망 다섯 가지로 분류하여 살펴보자.

첫 번째, 학업을 이유로 분가한다.

초등학교는 강남처럼 특별히 학구열이 강한 곳을 제외하고는 거의 해당 사항이 없을 것이고 중학교나 고등학교는 특수목적 고등학교에 진학을 하면서 기숙사나 학교 인근에 주택을 구하는 경우가 있을 것이다. 하지만 그 수가 많지 않아서 신규 확장 수요에 미치는 영향은 미비하다.

대학교에 진학하면 학생들이 기숙사나 인근 주택에 거주하기 위하여 분가한다. 원룸 형태의 다가구주택에 50만원 이하의 월세로 들어가는 경우가 대부분이다. 실제로 대학가 근처에는 원룸 형태의 다가구주택이 많이 건축되어 있다. 그리고 그 수요를 대학생들이 채우고 있다. 대학교 졸업 이후 취업하고 결혼할 때까지 머물러 있는 경우도 있다.

대학교 인근의 원룸 수요가 대학생이다 보니 대학교의 입학 정원수가 줄어들면 큰 타격을 입는다. 실제로 젊은 세대의 인구수가 급격히 줄어들면서 대학교 입학 정원수가 점점 감소하고 있다. 대학교육연구소에 따르면 2014년도에 333만 7,875명이었던 대학생의 수는 2018년도 305만 6,161명으로 8.4%인 28만 1,714명이 감소했다.

그나마 수도권의 대학교는 진학하고자 하는 학생들의 수요가 많아서 괜찮은 편이지만 지방의 경우는 그 정도가 심각하다. 그리고 수도권에 있는 대학교 중에서도 공립대학교는 지방 분산을 위해 정책적으로 입학 정원을 줄이고 있는 추세이다. 실제로 공립대학교인 서울대학교 인근의 신림동 원룸 상황을 살펴보면 시장 분위기가 위축되어 빈방이 종종 있는 것을 확인할 수 있다. 하지만 고려대학교, 연세대학교 등의 사립대학교 인근의 원룸 시장은 아직도 그 규모를 그대로 유지하고 있다.

두 번째, 취업을 하면서 분가한다.

학생 때까지만 해도 부모님 아래에서 주거비 걱정을 하지 않고 살았지만 취업을 하면 직장을 찾아서 가구를 분가한 후 거주지를 마련해야 한다. 직장은 주로 중심 지역에 위치해 있다. 지역별로 보면 상권이 가장 발달한 곳에 가장 많은 직장이 있을 것이고 전국적으로는 수도권에 가장 많다. 수도권 중에서는 4도심인 종로, 여의도, 강남, 판교에 많은 직장이 몰려 있고 그 중에서도 강남에는 약 130만개의 많은 일자리가 있다.

취업을 하면서 분가할 때는 아직 결혼을 하지 않은 1인 가구가 대부분이다. 그래서 결혼할 때까지 간편하게 거주할 수 있는 곳에 임시로 머무르게 되는데 주로 원룸 형태의 오피스텔 또는 다가구주택에 70만원 이하의 월세로 거주한다.

이후 결혼을 하면 거의 대부분 아파트나 빌라로 이전한다. 그리고 결혼을 못하더라도 결혼 적령기를 넘기고 시간이 흐르면 점차 아파트나 빌라로 이전하는 비율이 증가한다.

최근 혼인건수의 감소로 원룸에서 아파트나 빌라로 넘어가야할 가구들이 1인 가구를 유지하면서 원룸 형태의 오피스텔에 계속 남아있는 비율이 증가하고 있다. 1인 가구에서 혼인 후 2인 가구로 전환되어야 할 가구가 그대로 남아있으니 1인 가구는 꾸준히 증가하고 오피스텔 또는 원룸형 도시형생활주택의 수요가 증가하는 것이다.

세 번째, 결혼을 하면서 분가와 합가를 한다.

2019년도 기준으로 결혼 정보 회사에서 말하는 결혼 적령기는 보통 여자는 25세 ~ 31세, 남자는 30세 ~ 35세이다. 그때쯤 되면 취업 후에 부지런히 모은 돈으로 결혼을 하면서 집을 장만한다. 그리고 부모님의 주택으로부터 분가를 하거나 기존의 원룸에서 나오게 된다. 이때부터 말로만 듣던 내집 마련 프로젝트가 시작되는 것이다.

가구수의 증가와 감소를 따져보자. 결혼을 하면 기존 원룸이 해체되어 1인 가구수가 감소하고 새로운 신혼 집을 구하면 2인 가구수가 증가한다. 결혼할 당사자가 둘 다 원룸에 살고 있었다면 1인 가구가 두 가구 감소하고 2인 가구가 한 가구 증가해서 전체 가구수는 한 가구 감소한다. 양쪽 다 부모님 주택에 살고 있었다면 2인 가구가 한 가구 증가하는 결과를 가져오고 부모님 주택은 1인이 줄어든 구조로 변경된다.

주택의 거래 형태는 월세에서 전세나 매매로 전환될 가능성이 높고 주택의 종류는 원룸에서 아파트나 빌라로 전환된다.

내집 마련의 목표는 결혼할 때 바로 이룰 수도 있지만 보통 30대 후반이나 40대에 이르러서 이루어질 가능성이 높다. 2018년도 국토교통부 주거 실태조사 최종 연구보고서에 따르면 최근 4년 이내에 생애 첫 주택을 마련한 가구의 가구주 평균 연령은 43.3세로 집계되었다.

■ 혼인건수

다음은 통계청에서 제공하는 연도별 혼인건수이다.

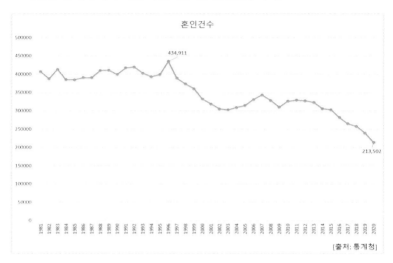

[출처: 통계청]

1996년도에 43만 4,911건을 정점으로 지속적으로 감소하여 2020년도에는 21만 3,502건이다. 혼인건수는 아파트나 빌라를 구입하는 가장 핵심적인 수요라고 할 수 있다. 그러나 그 수요가 급속히 감소하고 있어 아파트와 빌라의 시장 확대에 큰 악영향을 주고 있다.

네 번째, 이혼을 하면서 분가를 한다.

■ 이혼건수

다음은 통계청에서 제공하는 연도별 이혼건수이다.

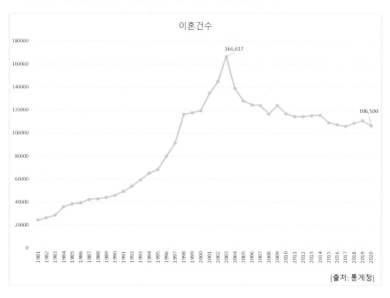

[출처: 통계청]

이혼건수는 2003년도에 16만 6,617건으로 정점을 찍은 이후에 2020
년도 기준으로 10만 6,500건을 유지하고 있다.

보통은 이혼건수가 증가하면 가정이 해체된다고 생각하여 가구수가
줄어들 것으로 예상한다. 하지만 이혼을 하면 하나의 가구가 두개의 가
구로 분가 되므로 가구수는 오히려 증가한다. 다만 자녀를 더 낳을 수

있는 가구가 이혼을 한다면 장기적인 관점에서는 신규 수요에 좋지 않은 영향을 미친다.

거주 형태는 기존에 아파트나 빌라에 살고 있었다면 이후에도 동일한 형태일 가능성이 높다. 이미 살아오던 습관이 있기 때문에 원룸 형태의 오피스텔이나 도시형생활주택 또는 다가구주택으로 되돌아 가는 것은 쉽지 않다.

다섯 번째, 사망을 원인으로 합가를 하거나 가구를 해체한다.

▌사망자수

다음은 통계청에서 발표한 연도별 사망자수 그래프이다.

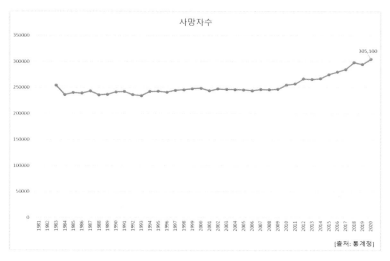

[출처: 통계청]

2009년도까지 연 25만명의 사망자수를 유지한 후 2010년도부터 증가하기 시작하면서 2020년도에는 30만 5,100명이 되었다.

죽음은 피할 수 없다. 1인 가구 상태에서 죽음을 맞이하면 가구가 자동으로 해체된다. 2인 가구 상태에서 죽음을 맞이하면 인원이 1명 줄어든 1인 가구가 되거나 해체 후 다른 가구와 합가한다. 어떠한 상황이든 결국은 가구를 해체하는 방향으로 흘러간다. 수명이 연장되어 오랫동안 가구를 유지한다면 그 기간까지 전체 가구수가 누적되어 증가하는 효과를 가져올 것이다.

가구 해체 이후에 남아 있던 주택은 빈집이 된다. 만약 모든 주택이 수명이란 것이 없다면 사망자수만큼 매년 빈집의 형태로 매물이 쌓일 것이다. 한번 생각해보자. 2020년도의 사망자수는 30만 5,100명이다. 전국 평균 가구원수가 2.4명이므로 매년 12만 7,125채의 주택이 시장에 매물로 쌓이는 것이다. 국토교통부에서 추정하는 주택의 매년 적정 공급량인 35만채의 절반에 가까운 수량이다.

다행히도 주택에는 수명이란 것이 있다. 물리적인 부분과 사회적인 부분이 결합되어 40년 ~ 50년을 주기로 그 수명을 다한 후 해체된다. 그래서 정상적인 상품의 순환구조가 만들어질 수 있는 것이다.

▋ 가구 변화 원인

지금까지 주택의 신규 수요에 대하여 살펴보았다. 발생 원인을 정리하면 학업, 취업, 결혼, 이혼, 사망이 있다. 이러한 원인들로 인해 가구의 구조 및 유형이 변화하고 가구수가 증가하거나 감소하는 것을 확인했다.

다음의 표는 가구의 구조 및 유형이 변화하는 내용을 간략하게 정리한 것이다.

가구 변화		원인					
		학업(대학교)	취업	취업 후 결혼적령기 경과	결혼	이혼	사망(고령)
기존 가구	가구 구조	3~4인 가구 → 2~3인 가구	3~4인 가구 → 2~3인 가구	1인 가구	3~4인 가구 → 2~3인 가구	2~4인 가구 → 1~2인 가구	2인 가구 → 1인 가구
	주택 유형	아파트/빌라	아파트/빌라	원룸 → 아파트/빌라	아파트/빌라	아파트/빌라	아파트/빌라
신규 가구	가구 구조	1인 가구	1인 가구	-	2인 가구	1~2인 가구	-
	주택 유형	원룸	원룸	-	아파트/빌라	아파트/빌라	-
해체 가구	가구 구조	-	-	-	1인 가구	-	1인 가구
	주택 유형	-	-	-	원룸	-	아파트/빌라

대학교에 진학하거나 취업을 하면 아파트 또는 빌라 형태의 부모님 가구로부터 분가해서 다가구주택이나 오피스텔에 들어가 원룸 형태의 1인 가구를 형성한다. 결혼을 하면 부모님 가구로부터 분가하거나 기존의 1인 가구를 해체하고 아파트 또는 빌라 형태의 새로운 2인 가구를 형성한다. 결혼 적령기를 경과해도 결국은 원룸에서 아파트나 빌라의 형태로 이동한다. 이혼을 하면 기존의 아파트 또는 빌라 형태의 가구로부터 분가해서 비슷한 형태의 주택에 1인 ~ 2인 가구를 형성한다. 고령으로 배

우자가 먼저 사망하면 아파트 또는 빌라 형태의 1인 가구로 남게 되고 최종적으로 가구는 해체된다.

■ 원룸 가구의 생성 및 해체

다음의 표는 앞서 살펴본 표에서 원룸 형태의 가구가 생성되고 해체되는 것을 음영으로 표시한 것이다.

가구 변화		원인					
		학업(대학교)	취업	취업 후 결혼정년기 경과	결혼	이혼	사망(고령)
기존 가구	가구 구조	3~4인 가구 → 2~3인 가구	3~4인 가구 → 2~3인 가구	1인 가구	3~4인 가구 → 2~3인 가구	2~4인 가구 → 1~2인 가구	2인 가구 → 1인 가구
	주택 유형	아파트/빌라	아파트/빌라	원룸 → 아파트/빌라	아파트/빌라	아파트/빌라	아파트/빌라
신규 가구	가구 구조	1인 가구	1인 가구	-	2인 가구	1~2인 가구	-
	주택 유형	원룸	원룸	-	아파트/빌라	아파트/빌라	-
해체 가구	가구 구조	-	-	-	1인 가구	-	1인 가구
	주택 유형	-	-	-	원룸	-	아파트/빌라

대학교에 진학하거나 취업을 하면 원룸 형태의 1인 가구를 형성한다. 이후 결혼을 하거나 결혼 적령기를 경과하면 아파트나 빌라 형태의 주택으로 옮겨 가면서 기존의 원룸 주택은 수명을 다할 때까지 빈집으로 남는다. 결국 원룸 형태의 가구는 결혼을 기점으로 해체된다는 것을 알 수 있다.

대학교를 졸업한 남성을 기준으로 원룸 주택의 사용 주기를 계산해보자. 취업 나이를 29세, 결혼 나이를 35세로 가정하면 6년간 거주하면서 원룸 주택을 사용한다. 이렇게 사용 주기가 비교적 짧기 때문에 실거주자 입장에서는 매매보다는 주로 월세나 전세를 선호한다. 그래서 원룸 형태의 오피스텔을 투자의 목적으로 바라본다면 월세로 수익을 얻는 수익형 부동산 상품으로 분류할 수 있다. 월세가 잘 나가고 수익률이 좋다면 매매 가격 또한 상승할 가능성이 높을 것이다.

그리고 사용 주기가 약 6년인데 비해 건축물의 수명은 50년이 넘는다. 이 부분은 오피스텔을 건축하거나 투자로 접근할 때 주의해야 할 부분 중 하나이다. 1인 가구의 증가로 오피스텔의 일시적인 공급 부족 현상이 발생한다고 할지라도 곧바로 공급 초과 상황으로 전환될 가능성이 높다.

■ 아파트 또는 빌라 가구의 생성 및 해체

다음의 표는 아파트 또는 빌라 형태의 가구가 생성되고 해체되는 것을 음영으로 표시한 것이다.

가구 변화		원인					
		학업(대학교)	취업	취업 후 결혼정년기 경과	결혼	이혼	사망(고령)
기존 가구	가구 구조	3~4인 가구 → 2~3인 가구	3~4인 가구 → 2~3인 가구	1인 가구	3~4인 가구 → 2~3인 가구	2~4인 가구 → 1~2인 가구	2인 가구 → 1인 가구
	주택 유형	아파트/빌라	아파트/빌라	원룸 → 아파트/빌라	아파트/빌라	아파트/빌라	아파트/빌라
신규 가구	가구 구조	1인 가구	1인 가구	-	2인 가구	1~2인 가구	-
	주택 유형	원룸	원룸	-	아파트/빌라	아파트/빌라	-
해체 가구	가구 구조	-	-	-	1인 가구	-	1인 가구
	주택 유형	-	-	-	원룸	-	아파트/빌라

결혼을 하면 아파트 또는 빌라 형태의 2인 가구를 형성한다. 결혼 적령기를 넘겨도 아파트 또는 빌라 형태로 옮겨가는데 이때는 1인 가구를 유지한다. 결혼 후 이혼을 하면 가구수가 감소할 것 같지만 그와 반대로 분가를 하기 때문에 오히려 증가한다. 그리고 사망을 하면 최종적으로 가구가 해체되고 해당 주택은 수명을 다할 때까지 빈집으로 남는다. 결국 아파트나 빌라 형태의 가구는 사망을 기점으로 해체된다는 것을 알 수 있다.

대학교를 졸업한 남성을 기준으로 아파트나 빌라의 사용 주기를 계산해보자. 결혼 나이를 35세, 수명을 약 85세로 가정하면 50년간 거주하면서 주택을 사용한다. 이렇게 사용 주기가 평생의 기간에 해당하기 때문에 실거주자의 입장에서는 월세나 전세보다는 주로 매매를 선호한다. 그래서 아파트나 빌라를 투자의 목적으로 바라본다면 매매가의 상승으로 인한 시세 차익으로 수익을 얻는 차익형 부동산 상품으로 분류할 수 있다. 평생 소장할 가능성을 두고 구입하는 것이므로 매매가의 한계가 정해지지 않는다는 특징이 있다.

그리고 주택의 사용 주기가 약 50년이고 건축물의 수명도 50년에 가깝기 때문에 상품의 적절한 순환 구조가 형성된다. 그래서 원룸과는 반대로 공급 부족 현상이 발생했을 경우 긴 기간 동안 유지되는 경향이 있고 공급 초과 상태로 전환된다고 할지라도 짧은 기간 안에 다시 공급이 부족해지는 상황으로 돌아온다. 하지만 2000년대 이후에 지어진 아파트의 경우에는 그 수명이 50년을 넘는 경우가 대부분이기 때문에 2050년 즈음 되는 시기에는 주택의 획기적인 기술 혁신이 일어나지 않으면 인구수 및 가구수의 감소와 맞물리면서 공급 초과 현상이 발생될 가능성이 매우 높다.

「주택시장학 개론」

주택의 교체 수요

경제가 발전하고 생활 수준이 향상되면 그에 맞는 주택에 거주하기를 원한다. 그래서 오래된 낡은 주택에서 새롭게 지어진 최신식 주택으로 교체하려는 교체 수요가 발생한다. 교체 수요가 활성화되면 낡고 오래된 주택은 실거주 수요자들로부터 외면받는다. 그나마 입지가 좋은 곳은 재건축과 재개발 또는 리모델링을 통하여 토지가 재사용 되어 새로운 주택으로 탈바꿈한다. 하지만 그렇지 못한 곳은 빈집으로 남게 되어 그 수는 점차 증가한다.

우리나라는 최근 70년간 급격한 경제 성장을 이루었다. 가계의 소득과 생활 수준이 향상되면서 그에 맞는 최신식 주택으로 교체하려는 수요들이 급격히 증가하고 있다. 2008년도부터 정부에서도 주택의 교체 수요에 대해 언급하기 시작했다. 국토교통부의 발표에 따르면 매년 10만채의 주택이 교체 수요를 위해 필요하다.

기본적으로 주택 상품은 매우 보수적인 성향을 보인다. 스마트폰의 경우 새로운 제품이 생산되면 기존 제품이 잘 작동하고 있음에도 불구하고 2년 정도의 주기로 새롭게 교체한다. 반면에 주택은 신규 상품이 출시되

어도 바로 교체하지 않고 기존 주택을 그대로 사용한다.

최근에 현대 '디에이치', 대우 '써밋', LG '자이르네', 대림 '아크로' 등의 아파트 브랜드가 새롭게 만들어졌다. 하지만 이러한 브랜드가 있다는 것조차도 모르는 사람들이 대부분이다. 그만큼 신규 상품에 대한 교체가 굉장히 보수적이고 느린 편이다.

그 이유는 상품의 수명이 너무 길고 가격이 비싸기 때문이다. 35세에 결혼한 후 100세에 사망한다고 가정하면 65년간 주택을 사용하게 된다. 2000년도 이전에 지어진 주택의 수명은 약 40년이지만 그 이후에 지어진 주택은 철근과 콘크리트의 수명에 맞추어 100년도 넘게 사용할 수 있다.

가격 또한 평생 한 채만 구입할 수 있을 정도로 너무 비싸다. 아파트 한 채의 전국 평균 가격은 약 3억원이다. 서울은 10억원이 넘고 그 중에서도 강남, 서초, 송파의 아파트는 약 30억원에 거래되고 있다.

이렇게 놓고 보면 주택에서 교체 수요는 거의 불가능에 가까울지도 모른다. 스마트폰과 같이 24개월 할부로 지불할 수 있는 금액이 아니다. 30년간 상환하는 계획으로 대출을 받아 주택을 구입해도 매달 지불하는 금액이 급여의 절반에 가까울 정도로 많다.

혹자는 새 아파트는 어차피 낡아지기 때문에 시간이 지나면 가격이 하락할 것이라고 주장한다. 하지만 최근의 결과는 그 논리를 완전히 뒤집어 놓았다. 2010년도 이후에 만들어진 새 아파트는 인기가 많아서 1990년대에 만들어진 아파트의 약 2배 가격에 거래되고 있고 2000년대에 만들어진 아파트보다 약 40% 높은 가격에 거래되고 있다. 높은 가격에 거래가 된다는 것은 그만큼 수요가 많다는 것이다. 이러한 현상은 수도권 뿐만 아니라 전국적으로 나타나고 있다.

출생자수, 혼인건수 등의 급격한 감소로 침체될 것만 같았던 주택 시장이 활기를 되찾았다. 경제 발전과 소득 증가를 기반으로 주택의 기술, 성능, 디자인의 획기적인 개선이 이루어지면서 교체 수요를 불러일으키는데 큰 역할을 했다.

　주택을 공급하는 기업들은 그동안 주택에 대한 지속적인 연구와 개발을 해왔다. 주차장을 모두 지하로 이동시키면서 지상에는 나무와 꽃을 심어 공원처럼 꾸몄다. 건물 외부를 깔끔하게 보이도록 하기 위해 에어컨 실외기를 내부로 넣었다. 1층 현관문을 통과하면 엘리베이터가 자동으로 호출된다. 집에서도 엘리베이터를 호출할 수 있다. 방범 장치가 있기 때문에 외부에서 강제로 창문을 열고 침입하면 경비실에 경보가 울린다. 실내는 깔끔한 인테리어와 빌트인 시스템으로 편안함을 준다. 단지 내에 헬스장, 골프 연습장, 도서관, 수영장, 조식 서비스, 게스트 룸 등의 커뮤니티 시설이 있다. 초등학교의 출입문이 단지와 직접적으로 연결된 곳도 있다. 이러한 노력이 소비자의 요구와 맞아 떨어지면서 주택의 교체 욕구를 불러일으켰다.

주택의 투자 수요

산업이 발전하여 일자리가 늘어나면 그곳에서 일하기 위해 주택을 마련하고 이사를 하는 사람들이 증가한다. 그렇게 되면 적절한 주택의 공급이 이루어질 때까지 주택 가격은 상승한다. 주택 가격이 지속적으로 상승할 것이란 기대감이 생기면 수익을 얻고자 하는 투자자가 생긴다.

투자자는 가성비를 중요하게 생각한다. 레버리지를 높여 수익률을 극대화하기 위해 대출을 적극 활용한다. 가격은 최대한 저렴할 때 구입해서 많은 시세 차익을 남긴다. 월세나 전세로 주택을 운영하여 임대 수익을 남긴다. 결국 투자자는 수익을 목표로 움직이므로 실거주자와 주택을 구입하는 목적이 같지 않다.

이러한 주택의 투자 수요는 주택 시장에서 반드시 있어야 하는 필수 요소이다. 투자자는 전세나 월세 형태의 임대 주택을 공급한다. 그들이 없다면 전월세의 공급이 부족해져서 급격한 전월세의 가격 상승이 나타날 것이다. LH나 SH 등 국가 기관에서 전월세를 제공하기도 하지만 대부분의 공급 물량은 투자자로부터 나온다.

■ 다주택 가구수

다음은 다주택 가구수 및 비율을 나타낸 표이다.

기준연도: 2018년

주택수	무주택	1주택	2주택	3주택 이상
가구수	8,745,282	8,152,590	2,239,622	814,694
가구수 비율	43.8%	40.8%	11.2%	4.2%

[출처: 통계청]

무주택 가구는 43.8%이고 1주택 가구는 40.8%이다. 2주택 이상을 보유한 가구는 15.4%이다. 흔히 2주택 이상을 보유한 가구를 다주택자라고 부른다. 다주택자의 실거주 주택을 제외한 나머지 주택은 거주보다 임대 수익이 목적이므로 투자 수요로 분류된다.

■ 다주택 가구의 임대 주택수

다음은 다주택 가구의 임대 주택수를 나타낸 표이다.

소유중인 임대주택수	2018년	
	가구수	임대주택수 합계
총계	3,081,316	4,979,505
1	2,239,622	2,239,622
2	532,641	1,065,282
3	151,014	453,042
4	54,565	218,260
5	26,324	131,620
6	15,644	93,864
7	10,407	72,849
8	7,692	61,536
9	5,870	52,830
10 이상	25,914	259,140
20 이상	6,805	136,100
30 이상	1,739	52,170
40 이상	1,076	43,040
50 이상	2,003	100,150

[출처: 통계청]

2018년도에 다주택 가구에서 공급하고 있는 임대 주택의 총 합계는 4,979,505호이고 무주택 가구수는 8,745,282가구이다. 다주택 가구가 무주택 가구에게 공급하는 임대 주택의 비율을 계산하면 56.93%에 해당한다. 그 외 43.07%는 LH, SH 등 국가 기관에서 제공하는 것으로 추정할 수 있다. 민간에서 더 많은 임대 주택을 공급하고 있음을 알 수 있다.

　이상으로 주택의 수요에 대하여 신규 수요, 교체 수요, 투자 수요로 구분해서 알아보았다. 이러한 세 가지 유형의 수요는 자본주의 시장에서 주택 뿐만 아니라 자동차, 핸드폰 등 상품을 생산하고 소비하는 곳에서는 어디든 발생하는 일반적인 내용이다. 발생 순서와 원리를 잘 이해해서 주택 시장의 흐름을 파악할 수 있다면 내집 마련 뿐만 아니라 주택 투자나 건축 시행을 하는데 있어서 아주 유용하게 활용할 수 있다.

「주택시장학 개론」

5화 | 산업과 주택의 관계

산업과 주택은 아주 긴밀하게 연결되어 있다. 산업이 들어서는 곳에 일자리가 생기고 그곳에서 근무하는 사람들은 근무지에 출퇴근하며 생활하기 위한 주택이 필요하다. 산업이 활성화되어 일자리와 근무자가 많아지면 거주자도 많아지고 주택 부족 현상이 발생한다. 그리고 이후에 주택 문제를 해결하기 위하여 인근에 주택을 공급하거나 도로, 지하철 등의 교통 환경을 개선하여 주변 도시와의 접근성을 높이게 된다.

최근에 일어나는 현상을 살펴보면 판교 테크노밸리가 대표적인 사례일 것이다. 시대의 흐름에 따라서 IT산업이 급속도로 성장했고 판교에 IT산업이 특화된 테크노밸리를 만들었다. IT산업의 특성상 생산 시설을 설치할 공간이 있는 큰 공장보다는 우수한 인재가 집중적으로 모여 있는 고층 건물이 선호된다. 그래서 산업이 여러 지역에 흩어져 있지 않고 판교와 같은 인재풀이 형성되어 있는 도심 지역에 집중되는 현상이 나타난다. 이러한 이유로 판교에 지속적으로 IT산업, R&D센터, 첨단 산업 등이 들어서고 있고 그에 맞는 일자리가 증가하고 있다. 그리고 그곳에 출퇴근하는 사람들은 반드시 근처에 거주할 주택이 필요하다. 2기 신도시 중 한 곳이 판교에 만들어지면서 일정 수량의 주택은 공급되었지만 산업과 일자리의 증가 속도보다 그 수는 턱없이 부족했다. 그래서 판교로 이어지는 도로와 지하철 등의 교통 환경이 개선되었고 판교 테크노밸리의 접근성은 좋아졌으며 지금 현재도 진행 중이다.

지금부터 이러한 산업과 주택의 관계에 대하여 객관적이고 더욱더 명확한 이해를 위해 다양한 통계 데이터들을 살펴보자.

주택 가격

■ 아파트 시세

다음은 각 기관별 주택 가격을 비교해서 나타낸 그래프이다.

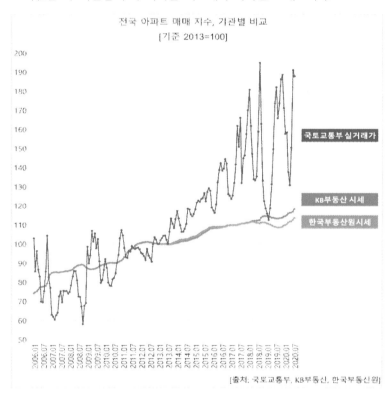

전국 아파트 매매 지수, 기관별 비교
[기준 2013=100]

국토교통부 실거래가

KB부동산 시세

한국부동산원시세

[출처, 국토교통부, KB부동산, 한국부동산원]

국토교통부의 실거래가는 거래된 가격을 있는 그대로 표현한 것이므로 변동 폭이 심한 것을 알 수 있다. 그리고 KB부동산 및 한국부동산원에서 발표하는 시세는 자체 보정 계산식을 적용해서 표현하므로 비교적 완만한 그래프로 나타난다. KB부동산의 시세는 2006년도부터 발표하기 시작했고 한국부동산원의 시세는 2013년도부터 발표하기 시작했다. 2017년도까지는 KB부동산과 한국부동산원의 시세가 비슷했지만 2018년도부터는 다르게 나타난다. 이 부분에 대해서 여러가지 의견들과 의혹들이 있을 수도 있지만 보정식이 각 기관별로 다르기 때문에 나타나는 현상이라고 보는 것이 객관적일 것이다. 국토교통부의 실거래가와 대비해서 KB부동산과 한국부동산원의 시세는 모두 낮게 나타났다. 우리는 국토교통부의 실거래가와 좀 더 유사한 KB부동산의 시세를 기준으로 현상들을 설명하고 판단하도록 할 것이다.

■ 아파트 가격추이

다음은 시기별로 주택 가격의 상승, 보합, 하락을 표현한 그래프이다.

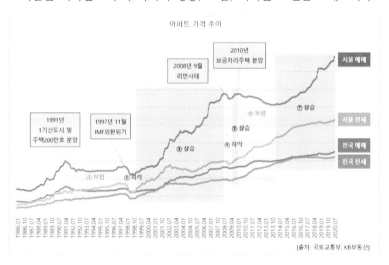

그래프에서 나타나는 1986년도부터 2020년도까지 전체적인 시기로 보았을 때 주택 가격은 평균적으로 상승했다.

'③상승', '⑦상승' 시기에서 보는 것과 같이 한번 시작된 상승은 10년 이상의 긴 기간 동안 이어지는 경향이 있다. 다르게 생각해보면 특별한 이유로 인해 발생되었던 보합 및 하락 기간을 제외하고는 상승 기간이 지속된다고 볼 수 있을 것이다.

그렇다면 우리가 주택 가격을 의논하는 기준점이 달라져야 할지도 모른다. 상승과 하락을 비교할 것이 아니라 상시로 이어지는 상승을 기본 전제로 두고 연이어 상승을 이어갈 것인지 또는 잠시 보합 및 하락을 거친 후 상승할 것인지 말이다.

▋ 소비자물가지수

다음은 한국은행에서 발표한 소비자물가지수이다.

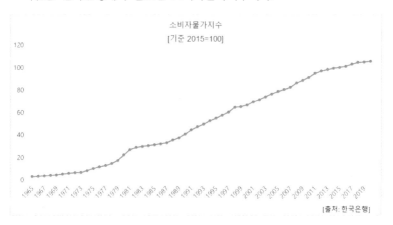

[출처: 한국은행]

소비자물가는 1965년도부터 현재까지 지속적으로 상승했다. 경제 위기때도 상승했고 앞으로도 상승할 가능성이 매우 높다. 주택의 가격이 상승하는 이유를 찾을 때 흔히 언급하는 내용이다. 물가가 지속적으로 상승하기 때문에 주택 가격도 지속적으로 상승한다는 주장이다.

한국은행의 주요 목표는 물가 안정이다. 그 목표가 그래프에서 나타났듯이 안정적인 물가 상승을 뜻한다. 공인된 기관에서 추진하는 만큼 물가 상승의 신뢰도는 높다고 판단할 수 있다. 한국은행에서는 소비자물가지수를 안정적으로 상승시키기 위해 금리 조정으로 유동성을 개선하여 경제 전반의 생산물에 대한 소비를 유도하고 원가 상승으로 인한 지나친

물가 상승을 견제한다.

하지만 소비자물가지수에는 주택 매매 가격을 반영하지 않는다. 그래서 물가 상승으로 주택의 가격 상승을 설명하기에는 직접적인 연관성이 부족하다. 단지 같은 경제 공동체 내에 있는 한국의 물가가 오르기 때문에 당연히 주택 가격도 오를 것이라고 추정할 뿐이다.

■ GDP (국내총생산)

다음은 한국은행에서 발표한 1인당 명목GDP를 달러 기준으로 나타낸 그래프이다. 참고로 명목GDP는 물가 상승분이 반영된 수치이고 실질 GDP는 물가 상승분을 제외한 실질적인 생산량만을 측정한 수치이다. 일반적으로 GDP의 수치를 설명할 때는 명목GDP를 사용하고 특정 시점 간의 성장률에 관해서 언급할 때는 실질GDP를 활용한다.

| 출처: 한국은행|

1953년도부터 현재까지 1인당 명목GDP는 지속적으로 상승한 것을 알 수 있다. 소비자물가지수와 다르게 1997년도 IMF, 2008년도 리먼사태 경제 위기가 발생했을 때 수치가 하락했다.

명목GDP와 주택의 가격은 전반적으로 상승한다는 부분에 대해서는 흐름을 함께했다. 하지만 개별적인 시점을 하나씩 살펴봤을 때 반대로 움직인 경우도 있었다. 대표적으로 2008년 ~ 2009년도에 GDP가 하락했지만 주택의 가격은 상승했다. 2010년도부터는 GDP가 회복하기 시작했지만 주택의 가격은 오히려 약 3년간 조정을 받았다.

인구수

■ 출생자수

다음은 통계청에서 제공하는 출생자수의 그래프이다.

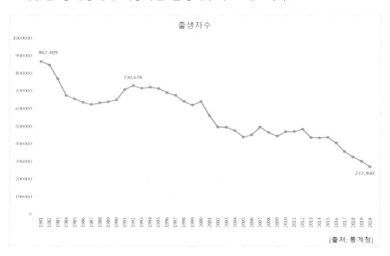

출생자수

867,409

730,678

272,400

[출처: 통계청]

　1981년도에 출생자수는 86만 7,409명이다. 1992년도에는 73만 678명이고 2020년도에는 27만 2,400명이다. 인구수가 꾸준히 증가했던 것과 반대로 출생자수는 급속도로 감소하고 있다.

■ 사망자수

다음은 통계청에서 발표한 연도별 사망자수 그래프이다.

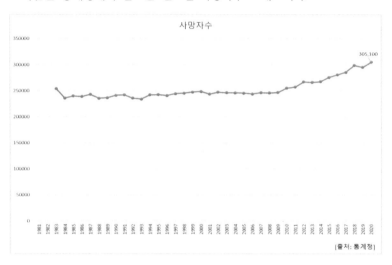

2009년도까지 매년 약 25만명의 사망자수를 유지해 왔지만 2010년도부터 증가하기 시작해서 2020년도에는 30만 5,100명의 수치가 되었다.

▌ 전국 인구수

다음은 통계청에서 제공하는 진국의 인구수 그레프이다.

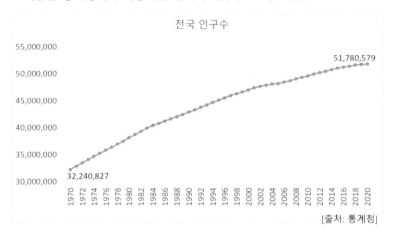

전국 인구수

[출처: 통계청]

1970년도에 3,224만 827명에서 2020년도에는 5,178만 579명으로
그동안 인구수는 꾸준히 증가했다. 하지만 2020년도에는 사망자수가
32,700명이 더 많아서 1953년도 휴전 이후 최초로 인구수가 감소했다.

평균 수명의 연장이 어느 정도 정점까지 올라왔고 출생자수가 급격히
감소하는 상황이 겹쳐지면서 인구 감소의 결과를 낳았다. 출생자수가 증
가하는 것은 산업 및 사회 구조와 연결되어 있어 쉽게 해결할 수 있는
문제가 아니기 때문에 향후 이러한 상황은 지속될 것으로 예상된다.

■ 연령대별 인구수 추이

다음은 통계청에서 제공하는 연령대별 인구수 추이 그래프이다.

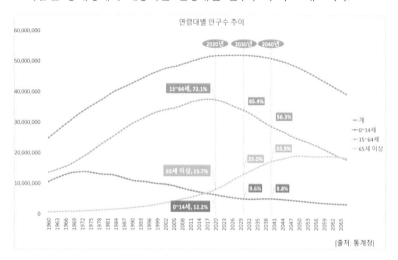

[출처: 통계청]

0세 ~ 14세 인구는 2020년도에 12.2%에서 2040년도에는 9.8%까지 줄어들 전망이다. 생산 활동의 주요 연령대인 15세 ~ 64세 인구는 72.1%에서 56.3%까지 줄어들 전망이다. 반면 노령층인 65세 이상의 인구는 15.7%에서 33.9%까지 증가할 전망이다.

이와 같은 결과는 출생률 감소와 수명 연장의 결과를 그대로 보여준다. 단기적으로는 수명의 증가로 노령층의 비율이 증가한 것으로 보일지 몰라도 장기적인 관점에서는 지금 태어나는 사람들이 결국은 노령층이 될 것이기 때문에 전체적인 인구수 감소로 이어진다.

▌지역별 인구 이동수

다음 그래프는 지역별 인구 이동수를 나타낸 것이다.

수도권으로 이동하는 인구는 1975년도를 정점으로 지속적으로 줄어들었으나 2016년도부터는 그 수가 다시 증가하고 있다.

시간이 지남에 따라서 산업 구조가 안정되어 갔고 인구이동 수도 줄어들었으나 최근에는 첨단 산업이 발전하면서 우수한 인재 확보에 유리한 수도권에 기업들이 모여들고 있다. 그래서 직업을 찾아서 기업들이 모여 있는 수도권으로 이동하는 사람들이 지속적으로 증가하고 있는 추세이다.

■ 시도별 인구수

다음은 시도별 인구수를 나타낸 그래프이다.

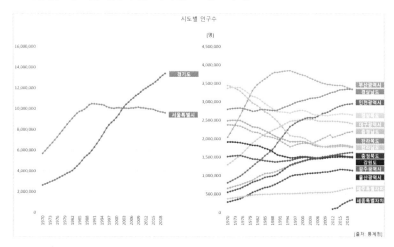

[출처: 통계청]

서울특별시는 1990년대 이후로 인수구가 정체되었고 경기도와 인천광역시는 지속적으로 증가하고 있다. 지방은 수도권과 가까이에 있는 충청도와 세종특별자치시를 제외하고는 인구수가 정체되거나 감소하고 있다.

여기서 서울의 인구수가 더 이상 증가하지 않고 정체된 것에 대해 외곽으로 인구가 빠져나가는 것이 아닐까라는 의문이 들지도 모른다. 실제로 우리 주변에 이렇게 주장하는 사람들이 꽤 많이 있다. 하지만 그와 정반대의 이유 때문에 나타난 결과이다. 통계청에 따르면 2015년도 기준 서울의 인구 밀도는 전국의 32.13배이고 경기도의 13.34배이다. 많은 차이가 난다. 더 이상 주택이 들어설 수 없을 만큼 모든 공간이 이미 포화 상태에 이르렀다. 빈 토지가 없다는 말이 떠도는 소문이 아니라 실제 사실이다. 지금도 서울로 입성하기를 희망하는 사람들이 여전히 많다. 하지만 주택의 공급이 너무 부족하고 가격이 부담스러울 정도로 높아서 모든 사람이 서울에서 살 수는 없다. 일부는 차선책으로 경기도에 거주해야 한다. 그래서 서울의 거주 수요가 많음에도 불구하고 인구수는 정체되고 경기도의 인구수만 지속적으로 증가하는 것이다.

■ 전 세계 인구수

다음은 전 세계의 인구수 추이를 나타낸 그래프이다.

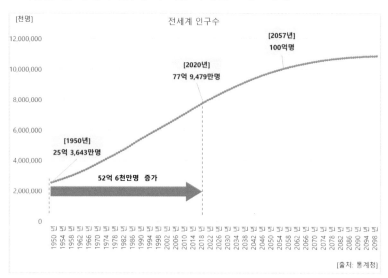

1950년도에 25억 3,643만명이었던 전 세계 인구는 2020년도에 77억 9,479만명으로 약 3배 증가했다. 2057년도에는 100억명까지 22억명이 더 증가할 예정이다.

전 세계 인구수가 끊임없이 증가하는 반면에 우리나라의 인구수는 감소하는 추세에 놓여있다. 인구수의 감소는 소비 주체의 감소로 이어지기 때문에 경제에 직접적인 타격을 준다.

하지만 지금은 글로벌 시대이다. 전 세계의 경제가 미국을 선두로 각자의 역할을 하며 연결되어 있다. 결국은 인구가 경제에 미치는 영향력도 전 세계적인 연결 고리가 만들어져 있고 한국도 그 영향을 받게 된다. 비록 전국의 인구수가 감소하고 있을지라도 전 세계의 인구수가 증가하고 있으므로 해결책을 찾아서 잘 극복할 것이란 희망과 기대감을 가질 수 있다.

「주택시장학 개론」

가구수

■ 전국 가구수

다음은 통계청에서 제공하는 전국의 가구수 그래프이다.

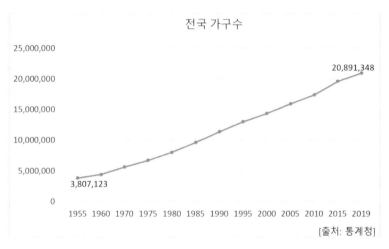

전국 가구수

[출처: 통계청]

　　1955년도에 3,807,123가구에서 2019년도에는 20,891,348가구로 5.48배나 증가했다. 인구수가 정체되거나 감소하는 추세에 놓여있음에도 불구하고 가구수는 꾸준히 증가하고 있다.

■ 가구원수별 가구수 추이

다음은 가구원수별 가구수 추이의 그래프이다.

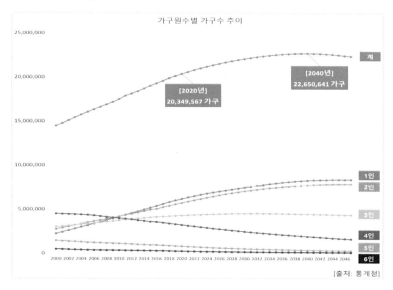

[출처: 통계청]

2020년도에 2,034만가구에서 2040년도 2,265만가구까지 증가하는
것으로 예측되어 있다. 3인 이상의 가구수는 감소하지만 1인 ~ 2인 가
구수가 늘어나기 때문에 전체 가구수는 증가할 것이다.

1인 ~ 2인 가구수가 증가하는 주요 원인에는 수명 연장과 혼인건수
및 출생자수 감소가 있다. 이중에서 가장 많은 영향을 미치는 것은 수명
연장이다. 수명이 연장되면서 사망으로 인한 가구의 해체 기간이 지연되
었고 가구수가 누적되는 중이다. 이러한 현상이 전체 가구수 증가에 큰

영향을 미치고 있다.

 혼인건수와 출생자수 감소도 3인 ~ 4인 가구 구조를 1인 ~ 2인 가구 구조로 변형시켜 놓았다. 하지만 이러한 현상은 전체 가구수 변동에 별다른 영향을 주지 못한다. 단지 가구의 구조만 변형시켜 놓고 있을 뿐이다. 물론 장기적인 관점에서는 출생자수를 줄이는 결과를 가져와서 다음 세대의 혼인건수를 감소시키고 결국은 가구수가 감소하는 결과가 나타날 것이다. 하지만 이러한 결과는 30년 후의 일이다. 향후 5년, 10년 또는 20년 후의 주택 시장을 예측하는 입장에서는 가구원수만 줄어들었을 뿐 전체 가구수의 감소에는 영향이 없다.

■ 시도별 가구수

다음은 시도별 가구수를 나타낸 그래프이다.

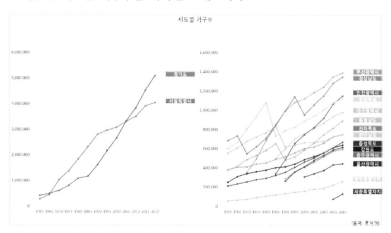

모든 시도의 가구수가 증가하고 있는 것을 알 수 있다. 부분적으로 일부 시도의 가구수 그래프가 하락하는 구간이 나타난다. 하지만 광역시로 독립하면서 시도가 분리되어 나타나는 현상일 뿐 실제 가구수는 꾸준히 증가했다.

주택수

■ 주택 종류별 주택수

다음은 통계청에서 발표한 주택 종류별 주택수 그래프이다.

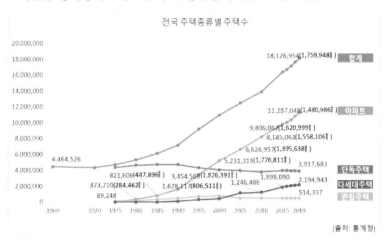

전국 주택종류별 주택수

|출처: 통계청|

1970년대 이후로 경제 발전과 함께 인구수가 증가하면서 주택수도
발맞춰 증가해 왔다. 특히 아파트의 증가 그래프를 보면 전체 주택수의
증가 흐름과 유사한 것을 볼 수 있다. 당시 급격한 인구 증가와 부족한
주택 문제를 고민하던 정부는 그 해결책으로 아파트 건설을 추진했고 지
금도 꾸준히 공급 정책을 이어가고 있다. 그래서 대부분의 주택 공급은
아파트를 통해 이루어졌고 아파트수가 증가한 만큼 주택수도 증가했다.

2005년도부터는 다세대주택의 증가가 눈에 띈다. 공급의 측면에서 보면 선두 상품인 아파트의 공급이 충분히 이루지지 않았기 때문에 대체 상품인 다세대주택의 공급이 이루어지는 것이다. 아파트는 필요한 공급 기간이 최소 7년 이상이지만 다세대주택은 1년 만에 공급이 가능하다.

그리고 선두 상품인 아파트는 수량이 부족하고 가격이 비싸기 때문에 대체 수단인 다세대주택을 선택하는 수요적인 측면도 있다. 입지가 좋은 곳의 아파트에 거주하기 위해서는 비싼 가격을 지불해야 하지만 대체 수단을 선택하면 그만큼 비용을 절약할 수 있다.

결국 짧은 기간 안에 신속하게 공급을 진행할 수 있으면서도 실수요자가 비교적 접근 가능한 수준의 금액으로 거주할 수 있는 다세대주택의 수는 늘어날 수밖에 없다.

■ 멸실 주택수

다음은 주택 유형별 멸실 주택수 그래프이다.

전국 유형별 멸실 주택수

[출처: 국토교통부]

2010년도에 62,485호였던 주택 멸실수는 2016년도에 13만 2,108호까지 증가했다. 각 정권별로 재개발 및 재건축 정책에 따라서 멸실 주택수는 달라질 수도 있겠지만 전반적으로 증가하는 추세에 있다.

2016년도부터는 아파트의 멸실수가 눈에 띄게 증가했다. 1970년대와 1980년대에 지어진 아파트가 50년이 지나면서 주택의 사용 수명을 다했고 멸실되는 수가 증가하고 있는 것이다. 향후 이러한 추세는 지속될 것이다.

 특히 1980년대까지 용적률이 낮아서 재건축에 유리한 5층 아파트를 많이 지었다. 그래서 주택 주기를 50년이라고 감안할 때 최소 2040년도 까지는 빠른 속도로 진행될 것이다. 그리고 1990년대 이후에 지어진 아파트에 대해서는 비록 용적률이 높을지라도 기술의 발전으로 리모델링 또는 그보다 더 좋은 해결책을 찾을 것이다. 그래서 노후 주택은 시장의 요구에 맞추어 지속적으로 멸실되고 신축 아파트로 탈바꿈되어 갈 것이다.

주택 유형 및 점유 형태

■ 전국 주택 점유 형태

다음은 국토교통부에서 제공하는 전국 주택 점유 형태 그래프이다.

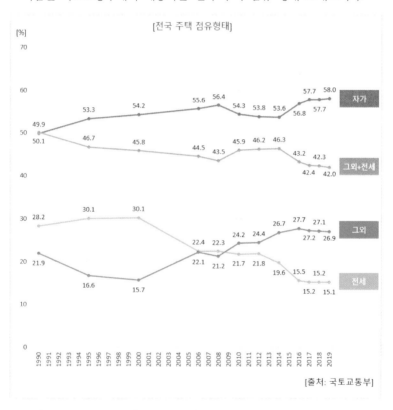

[전국 주택 점유형태]

[출처: 국토교통부]

자가 점유율은 1990년도 49.9%에서 2008년도 56.4%까지 증가한 후

2014년도 53.6%까지 줄어들었지만 2015년도부터 다시 증가하기 시작해서 2018년도에는 58%까지 증가했다. 전반적으로 자가 점유율은 증가하는 흐름을 보이고 있다.

전세 점유율은 1990년도에서 2000년도까지 28.2%에서 30.1%까지 증가했으나 이후 지속적으로 감소하여 2018년도에는 15.1%가 되었다. 전반적으로 전세 점유율은 감소하는 흐름을 보이고 있다.

그외(월세) 점유율은 전세와 반대로 지속적으로 증가하는 흐름을 보였고 2015년도 이후 보합세로 전환되었다. 전반적으로 그외(월세) 점유율은 증가하는 흐름을 보이고 있다.

혹자는 전세 점유율이 점차 줄어들면서 결국 전세가 사라지고 월세로 모두 대체될 것이라고 주장한다. 하지만 그러한 현상은 쉽게 나타날 수 없다. 사실 이것은 통계 데이터의 집계 방식 때문에 나타나는 현상에 불과하다. 매월 단돈 1만원이라도 받게 되면 전세가 아닌 월세로 분류된다. 전세 기간이 만료되어서 기간을 연장할 때 전세 보증금의 일부를 올리는 경우도 있지만 1,000만원당 약 3~5만원씩 월세로 대체하는 경우도 많이 있다. 신규로 세입자를 받을 때도 마찬가지다.

이러한 임대차 계약은 실제로 전세에 가깝지만 통계상으로는 모두 월세로 분류된다. 전세라는 것은 결국 월세를 한 푼도 받지 않고 보증금을 모두 받으면 성립하는 것이므로 보증금에 대한 정부의 대출 지원이 존재

하는 한 그 형태는 유지될 수밖에 없다. 그리고 매매와 월세의 대체 수단으로도 작용해서 매매와 월세의 가격 상승을 견제하여 균형을 유지하는 역할도 한다.

자가 점유율이 증가했다는 것은 주택을 투자의 목적으로 구입하는 수보다 실거주 목적으로 구입하는 비율이 높아졌다는 것을 의미한다. 이것은 투자 수익률이 나빠졌을 때 나타나는 현상이다. 투자 수익률이 나빠진 이유는 대부분 주택 가격 상승과 세금 규제 때문이다. 투자자는 비용이 적게 들고 투자 대비 수익률이 높을 경우에 주택을 구입한다. 가격 상승과 세금 규제는 수익률을 줄어들게 만들어서 투자자가 주택을 구입하는 것을 망설이게 한다.

하지만 실거주자는 거주의 목적으로 평생 보유하는 것을 생각하여 장기적인 가치를 보고 주택을 구입한다. 게다가 세금의 규제에서 비교적 자유롭다. 2019년도부터는 주택 가격의 급격한 상승과 세금 규제가 동시에 이어지고 있다. 그래서 대부분 실거주자에 의해 주택이 구입되고 있다. 자가 점유율이 증가한 것도 이러한 이유 때문이다.

기본적으로 주택의 수요는 85% ~ 90% 비율에 해당하는 실거주자와 10% ~ 15%에 해당하는 투자자에 의해 형성된다. 실거주자가 주택의 주요 수요자이다. 실거주자들은 주택의 가격이 높아도 상황에 따라서 가치가 있다고 판단하면 구매한다. 반면에 월세 가격은 액면 그대로 소비되는 비용이므로 가격 상승에 대한 저항이 굉장히 심하게 나타난다. 그래서 주택은 매매 가격이 높게 형성되는 반면 월세 가격은 낮게 형성되므로 원룸이나 상가에 비해 월세 수익률이 매우 낮게 나타난다. 이러한 현상 때문에 주택을 투자자 관점에서 시세 차익형 부동산이라고 부른다.

원룸이나 상가는 그 수요자의 거주 기간이 비교적 짧다. 원룸은 사회 진출 초기에 잠시 거쳐가는 경향이 강해서 대부분 월세로 거주한다. 상가에는 보통 가게 운영을 목적으로 들어오기 때문에 비용 및 수익 측면에서 계산이 유리한 월세를 선택하는 경우가 대부분이다. 이와 같이 원룸과 상가의 주요 수요는 월세이므로 월세 가격이 높게 형성되어 수익률이 좋게 나온다. 월세 수익률이 좋을수록 매매 가격도 높게 형성된다. 그래서 투자자 관점에서는 원룸과 상가를 수익형 부동산이라고 부른다.

그리고 주택의 매매 가격이 상승하면 월세로 눈을 돌리게 되는데 월세 가격을 지불하려면 현실적으로 부담이 매우 크다. 이러한 상황을 그대로 놔두게 되면 서민층에서 집을 구하기가 너무 어려워진다. LH나 SH에서 임대 주택 공급을 계획해도 실제 입주까지는 시간이 너무 오래 걸리기 때문에 당장 집을 구하기가 쉽지 않다.

그래서 정부에서는 서민층을 위하여 보증금을 저금리에 높은 한도로 대출할 수 있는 상품을 출시한다. 2% 전후 또는 1%대의 아주 저렴한 금리와 80% 이상의 높은 한도로 제공되기 때문에 실거주자 입장에서는 월세를 지불하는 것보다 전세로 보증금을 최대한 마련하는 것이 더 적은 비용이 소요된다. 주택의 매매 가격 상승으로 전세와 월세 가격의 상승이 이어지면 정부에서 당장 제공할 수 있는 정책은 결국 보증금에 대한 혜택을 주는 것 이외에는 마땅한 방법이 없다. 이율은 더 낮추고 한도는 더 높이는 방법이다.

　과거에 미국과 일본에서는 주택 구입 자금의 대출금 한도를 100% 이상으로 상향하는 방법을 적용했지만 우리나라는 전세 문화가 있기 때문에 보증금 대출을 지원하는 방향으로 흘러갈 것이다. 그것이 주택 구입 자금의 대출금을 상향하는 것보다 명분과 실리상 더 유리하다. 결국 시간이 지나면 보증금은 제로 금리에 더 가까워지고 한도는 100%에 가까워질 것이다. 그렇게 되면 집을 구하는데 있어서 실질적인 비용 부담을 줄일 수 있다.

　하지만 이것은 결국 주택의 투자자를 증가시키는 원인이 된다. 전세 보증금을 구하는데 부담이 없어지면 결국 전세 수요는 증가하고 전세 가격은 오른다. 그렇게 되면 매매 가격과 전세 가격의 차이는 줄어들고 투자자 입장에서는 매력적인 투자 상품이 만들어지는 것이다. 이러한 과정은 일정한 주기로 반복되기 때문에 잘 준비해서 기다리면 반드시 기회는 찾아온다.

■ 소득별 주택 점유 형태

다음은 국토교통부에서 제공하는 소득별 주택 점유 형태 그래프이다.

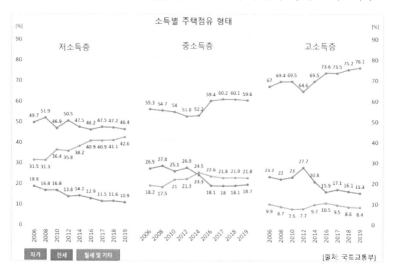

[출처: 국토교통부]

　　2019년도 자가 점유율은 저소득층이 46.4%이고 고소득층이 76.1%이다. 그리고 2006년도에서 2019년도까지 저소득층은 3.3% 감소했고 고소득층은 9.1% 증가했다. 전세 점유율은 모든 소득층에서 감소하고 있다. 월세 점유율은 저소득층은 2006년도 31.5%에서 2019년도 42.6%로 11.1% 증가했고 고소득층은 23.2%에서 15.3%로 7.9% 감소했다. 시간이 지남에 따라서 점차 주택 소유 부분에서 빈부격차가 벌어지고 있음을 알 수 있다.

■ 소득별 주택 유형

다음은 통계청에서 제공하는 소득별 주택 유형 그래프이다.

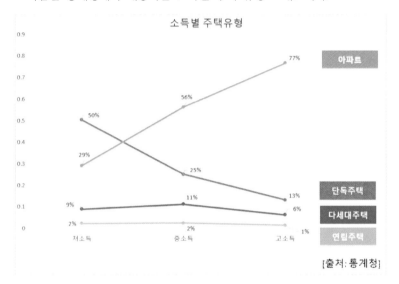

[출처 : 통계청]

저소득층에서 고소득층으로 갈수록 아파트에 거주하는 사람이 많다. 고소득층에서 저소득층으로 갈수록 단독주택에 거주하는 사람이 많다. 그 외 다세대주택과 연립주택은 큰 차이를 보이고 있지 않다. 대체적으로 아파트에 거주하는 사람들이 소득이 높다는 것을 알 수 있다. 흔히 말하는 아파트에 거주하면 잘산다는 얘기가 증명되는 셈이다.

■ 지역별 주택 유형

다음은 통계청에서 제공하는 지역별 주택 유형 그래프이다.

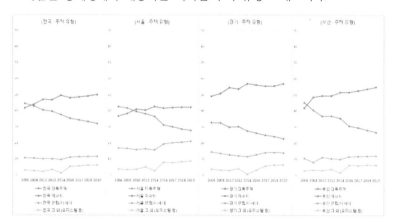

    2006년도부터 2019년도까지 전반적으로 아파트의 비율은 꾸준히 증가해 왔다. 2019년도 아파트의 비율은 전국 50.1%, 서울 42.2%, 경기 56.9%, 부산 54.8%이다. 서울의 아파트 비율은 다른 지역보다 약 10% 낮은 수치이다.

    2006년도부터 2019년도까지 전반적으로 단독주택의 비율은 감소해 왔다. 2019년도 단독주택의 비율은 전국 32.1%, 서울 27.9%, 경기 22.8%, 부산 26.8%이다. 아파트 공급이 가장 많았던 경기 지역에서 단독주택 비율이 비교적 낮게 나타난다.

연립 및 다세대주택의 비율은 전국 11.6%, 서울 21.2%, 경기 13.9%, 부산 12%이다. 서울의 연립 및 다세대주택 비율은 다른 지역보다 약 10% 높은 수치를 보여준다. 2014년도 이후로 서울의 연립 및 다세대주택의 비율은 상승세를 보여주고 있지만 타지역은 보합을 유지하고 있다. 타지역에는 아파트를 공급할 수 있는 택지 공급이 가능하지만 서울에는 더 이상의 택지 공급이 불가능하기 때문에 아파트를 공급할 수 있는 상황이 여의치가 않다. 그래서 서울은 연립 및 다세대주택이 아파트 공급을 일부 대체하고 있다.

「주택시장학 개론」

통근 현황

■ 서울특별시 통근 수단 비율

다음은 2015년도 서울특별시 통근 수단 비율 그래프이다.

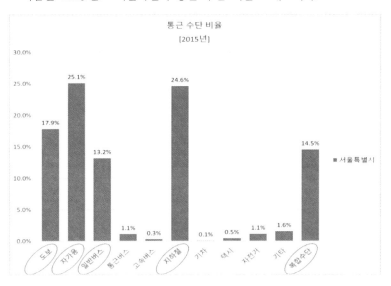

자가용이 25.1%로 가장 많고 지하철이 24.6%이다. 다음으로 도보가 17.9%이고 복합수단이 14.5%이다. 일반버스는 13.2%이다. 그 외 통근 버스, 고속버스, 기차, 택시, 자전거는 각각 2% 미만의 낮은 수치로 나타난다.

자가용의 통근은 전국 어디서나 가장 높은 비율을 보이는 경향이 있다. 그리고 지하철이 자가용에 견줄 만큼 높은 통근 비율을 나타내는 것은 지하철이 여러 곳에 많이 개통되어 있어 통근 시간이 적게 소요되기 때문이다. 실제로 서울특별시 내에는 사각 지대가 거의 없을 정도로 지하철이 빼곡하게 들어서 있다.

■ 경기도 통근 수단 비율

다음은 2015년도 경기도 통근 수단 비율 그래프이다.

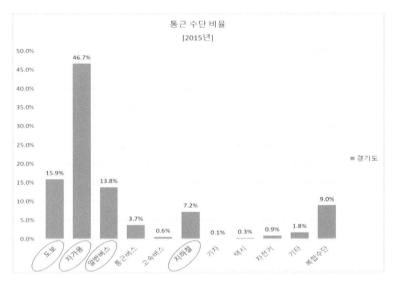

자가용이 46.7%로 압도적으로 많다. 그다음으로 도보 15.9%, 일반 버스 13.8%, 복합 수단 9%이다. 지하철 통근 비율은 7.2%에 불과하다. 경기도는 생산 공장을 설립해야 하는 제조업이 가장 많다. 생산 시설이 있어서 공간을 많이 차지하는 공장들은 여러 공간에 흩어질 수밖에 없다. 그래서 서울특별시나 판교와 같은 도심에 출퇴근하는 것이 아니라면 대부분 자가용을 타고 통근한다.

■ 경기도 to 서울특별시 통근 및 통학 비율

다음은 2015년도 경기도에서 서울특별시로 통근 및 통학을 하는 비율을 나타낸 그래프이다.

통근/통학 비율 [2015년]
(from 경기도 to 서울특별시)

[출처: 통계청]

서울특별시에 가까울수록 대체적으로 통근 비율이 높은 것으로 나타난다. 과천시가 38.95%로 가장 높다. 다음으로 광명시 38.76%, 하남시 35.77%, 구리시 35.48%, 남양주시 30.03%, 고양시 29.67%, 의정부시 29.19%, 성남시 25.86%, 부천시 24.45%, 김포시 23.63%, 안양시 22.73%, 의왕시 20.83%, 군포시 18.99%, 용인시 16.59%, 양주시 15.23%이다. 이처럼 통근 비율이 15%가 넘는 도시들은 서울특별시의 산업을 기반으로 형성되어 있는 위성 도시의 성격이 강하다. 그래서 서울특별시와 함께 오랫동안 안정적인 모습을 유지할 가능성이 매우 높다.

혹자는 그 도시의 산업 자립도가 높아야 한다고 주장한다. 도시 내에 산업이 육성되어 일자리가 창출될 때 안정적인 흐름을 보여준다는 것이다. 대표적인 예로 판교가 있다. 판교는 IT융복합, 첨단 산업, 바이오, R&D 등 유망한 산업들로 도시가 채워져서 자립도가 높다.

하지만 모든 도시의 상황이 그렇지만은 않다. 도시 자체의 산업이 향후 전망이 좋지 않다면 오히려 도시 안에 산업이 있는 것이 마이너스 요소가 된다. 차라리 그 공간을 서울특별시로 통근 및 통학하는 수요로 채우는 것이 더 안정적일 수도 있다.

안양시, 군포시, 부천시, 안산시 등과 같이 예전의 공장들이 그대로 남아 있는 도시의 경우 공장들은 외곽으로 이전하고 서울특별시의 3도심과 판교로 접근하는 교통 환경을 개선시켜 그곳으로의 통근 및 통학 수요로 채운다면 더 탄탄한 도시의 모습으로 변화할 것이다. 그런 의미에서 서울특별시로 통근 및 통학하는 비율을 높일 수 있는 GTX 급행철도 개발은 도시의 가치를 상승시킬 수 있는 주요 개발 호재이다.

「주택시장학 개론」

사업체 종사자수

■ 산업별 사업체 종사자수

다음은 2006년도부터 2018년도까지 전국의 산업별 사업체 종사자수를 나타낸 그래프이다.

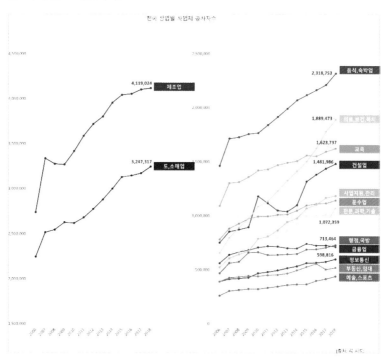

2006년도에 15,497,091명이었던 전국의 사업체 종사자수는 2018년도에 22,200,303명으로 6,703,212명 증가했다. 12년 동안 연평균 3.6%의 일자리가 증가했다.

산업을 차수로 구분해서 살펴보면 2018년도 사업체 종사자수 비율은 농업, 임업, 어업, 광업 등 1차 산업이 0.2%, 57,478명이고 제조업, 전기가스수도, 하수폐기환경, 건설업 등 2차 산업이 26%, 5,774,119명이다. 도소매업, 음식숙박업, 운수업, 교육, 금융, 전문과학기술, 정보통신 등 서비스업에 해당하는 3차 산업은 73.7%, 16,368,706명으로 가장 많다.

종류별로 구분해서 살펴보면 2018년도 사업체 종사자수 비율은 제조업이 18.5%, 4,119,024명으로 가장 많다. 도매 및 소매업은 14.6%, 3,247,317명이고 음식 및 숙박업은 10.4%, 2,318,753명이다. 그 밖에 의료, 보건, 복지 8.5%, 1,889,473명, 교육 7.3%, 1,623,737명, 건설업 6.6%, 1,481,986명, 사업지원 및 관리 5.3%, 1,184,787명, 운수업 5.1%, 1,142,717명, 전문직, 과학분야, 기술업 4.8%, 1,072,359명, 행정 및 국방 3.2%, 729,718명, 금융 및 보험업 3.2%, 713,464명, 정보통신 2.6%, 598,816명, 부동산 및 임대 2.3%, 519,718명, 예술 및 스포츠 1.9%, 440,095명이다. 농업, 임업, 어업, 광업은 합계가 0.2%, 57,478명으로 그 수가 매우 적다.

해당 데이터를 참조해서 산업에 대한 전반적인 내용을 살펴보자. 우리나라는 제조업 종사자가 18.5%인 제조업 강국인 것을 알 수 있다. 1970년대부터 중화학 공업을 기반으로 제조업이 발전되어 왔고 그 과정에서 많은 대기업이 생겨났다.

제조업의 산업 및 일자리 수요는 전 세계 인구수 및 산업의 흐름과 연관되어 있다. 대기업의 비중이 높은 우리나라는 특히 더 그렇다. 연구 시설과 생산 공장을 지을 때 기술력을 고려하여 우수한 인재를 확보할 수 있는 국내를 선택할 수도 있고 인건비와 세금을 고려해 인도, 베트남, 중국 등을 선택할 수도 있기 때문이다.

국내 제조업의 근황을 살펴보면 부산, 울산, 창원 등 물류 비용 측면에서 유리한 영남 지역의 공장들이 경기도 화성, 평택 등 수도권에 가까운 곳으로 옮겨가고 있다. 교통이 발전하면서 내륙 운송 비용이 줄어들고 산업 구조가 고도화됨에 따라 산업 입지 선정의 최우선 기준이 물류 비용에서 우수한 노동력으로 변화되었음을 알 수 있다.

다음으로는 도소매업 종사자가 많다. 도소매업은 음식 및 숙박업과 함께 대표적인 서비스업으로 수요의 기반이 인구수이기 때문에 그에 비례해서 사업체 종사자수가 나타난다. 각 지역에 기반 산업과 일자리가 먼저 생기고 이후 인구수에 맞추어 도소매업과 음식 및 숙박업이 생겨나는 것이다.

이와 같이 후속으로 발생하는 산업의 종사자수는 제조업과 같은 기반 산업의 종사자수보다 10배이상 많다. 기반 산업의 종사자수가 1만명이 증가하면 전체 사업체 종사자수는 10만명 이상 증가한다. 그래서 강남 삼성역 일대에 지어지는 105층 건물인 현대GBC로 인한 직접 고용 일자리수는 약 3만개이지만 전체 일자리수의 증가는 최소 100만개가 넘을 것으로 예상하는 것이다.

사업체 종사자수의 증가 비율로 보면 의료, 보건, 복지 관련 산업이 가장 가파른 그래프로 나타난다. 복지가 점차 개선되고 있음을 알 수 있다.

다음으로 사업 지원 및 관리 산업의 증가율이 가파르게 나타난다. 사업장의 청소는 전문 청소 업체에 맡긴다. 프린터기도 구매하기보단 임대해서 관리받으며 사용한다. 회사에 필요한 인력도 리크루팅 회사를 활용한다. 산업과 사회가 더욱더 복잡하게 변하면서 사업 지원 및 관리 업무가 또 하나의 커다란 산업이 되었다.

최근에 유망하다고 평가되는 IT융복합 및 첨단 산업을 대표하는 정보통신과 전문, 과학, 기술 관련 산업의 종사자수는 양적으로 봤을 때는 그 수가 많지 않다. 하지만 질적인 부분에 있어서는 더욱더 숙련된 인력을 요구한다. 그래서 강남이나 판교 같은 도심에 집중적으로 분포되어 있다.

금융 및 보험업도 이와 유사하게 숙련된 인력을 요구한다. 은행 창구는 각 지역에 퍼져 있지만 증권가와 기업 자금을 담당하는 곳은 여의도와 종로 및 강남 일대에 집중되어 있다.

■ 시도별 사업체 종사자수

다음은 2006년도부터 2018년도까지 시도별 사업체 종사자수를 나타 낸 그래프이다.

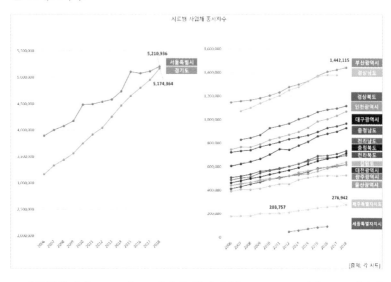

서울특별시의 2018년도 사업체 종사자수는 5,210,936명으로 전국의 23.5%이다. 경기도는 5,174,364명으로 23.3%이다. 인천광역시는 1,070,454명으로 4.8%이다.

서울특별시, 경기도, 인천광역시를 모두 합한 수도권의 사업체 종사자 수는 1,1455,754명으로 전국의 51.6%이다. 과반수가 넘는 일자리가 수 도권에 집중되어 있다는 것을 알 수 있다.

■ 시도별 사업체 종사자수 증가 비율

다음은 2006년도부터 2018년도까지 시도별 사업체 종사자수를 연평균 증가율이 높은 순서대로 정렬하여 나타낸 표이다.

지역	연도별 사업체 종사자수													연평균 증가율
	2006	2007	2008	2009	2010	2011	2012	2013	2014	2015	2016	2017	2018	
세종특별자치시	-	-	-	-	-	-	46,512	56,867	70,661	83,764	90,672	-	-	23.74%
경기도	3,164,760	3,332,405	3,438,570	3,558,659	3,749,152	3,920,341	4,044,884	4,259,215	4,471,773	4,650,266	4,802,623	4,953,790	5,174,364	5.29%
제주특별자치도	176,648	178,982	180,882	200,130	202,676	203,757	211,468	226,734	235,650	250,000	258,188	262,747	276,942	4.73%
충청북도	462,882	480,060	498,337	513,176	533,545	551,917	569,550	620,557	648,454	667,313	681,870	713,339		4.51%
충청남도	604,737	622,870	641,731	665,433	702,560	748,377	742,046	777,843	812,822	858,314	879,981	897,794	928,259	4.46%
대전광역시	412,889	429,632	450,857	468,501	492,722	509,740	521,281	536,181	556,297	586,069	597,011	605,742	618,271	4.15%
강원도	440,522	448,200	466,538	479,165	490,109	502,315	520,560	551,182	565,568	580,331	596,710	616,250	639,277	3.76%
전라남도	508,358	519,017	535,252	560,699	569,925	586,908	601,963	623,801	656,218	690,855	694,326	707,972	733,925	3.70%
인천광역시	745,111	765,760	805,014	790,202	827,748	848,393	871,532	895,657	931,620	1,004,747	1,034,344	1,070,454		3.64%
전국	15,497,091	15,940,617	16,288,280	16,818,015	17,647,028	18,093,190	18,572,809	19,173,474	19,899,786	20,889,257	21,259,193	21,617,749	22,200,303	3.60%
전라북도	486,913	502,261	512,017	544,469	565,803	581,101	602,988	624,407	646,651	669,130	675,943	681,638	694,669	3.56%
광주광역시	439,438	456,575	464,104	488,781	499,215	499,802	519,912	529,113	537,822	559,853	585,486	600,938	616,265	3.35%
울산광역시	389,470	406,846	404,866	413,831	434,280	451,987	452,130	488,627	506,899	519,516	523,344	521,482	527,085	2.94%
경상북도	-	829,045	844,659	868,182	927,308	945,683	966,347	1,004,067	1,028,921	1,066,260	1,086,649	1,096,368	1,117,782	2.90%
대구광역시	721,257	732,128	739,022	766,886	786,487	809,381	833,836	849,631	866,599	895,523	929,087	943,170	967,206	2.84%
서울특별시	3,894,666	4,005,831	4,079,277	4,177,336	4,487,357	4,498,312	4,541,393	4,585,090	4,739,883	5,108,828	5,079,451	5,119,913	5,210,936	2.82%
경상남도	-	1,073,152	1,101,580	1,140,329	1,173,377	1,203,289	1,250,462	1,275,688	1,325,862	1,365,599	1,379,047	1,378,742	-	2.37%
부산광역시	1,147,243	1,157,863	1,165,574	1,182,236	1,204,764	1,231,887	1,275,945	1,297,862	1,325,781	1,371,843	1,408,615	1,424,317	1,442,115	2.14%

세종특별자치시가 23.74%로 가장 높고 경기도가 5.29%로 두 번째이다. 제주특별자치도가 4.73%로 세 번째로 높다. 그 밖에 충청북도 4.51%, 충청남도 4.46%, 대전광역시 4.15% 순이다.

증가율이 낮은 순으로 보면 부산광역시 2.14%, 경상남도 2.37%, 서울특별시 2.82%, 대구광역시 2.84%이다.

해당 데이터를 분석해보자. 세종특별자치시는 서울특별시와 거리가 떨어져 있었음에도 불구하고 연평균 23.74%의 가장 많은 사업체 종사자수 상승률을 보였다. 정부의 청사들이 세종특별자치시로 대거 이동하면서 관련 산업들이 따라온 결과이다. 이전된 청사와 관련 산업들은 정부기관을 기반으로 형성된 것이므로 이후 후속으로 발생하는 산업들도 안정적인 흐름을 보여준다. 그 결과가 사업체 종사자수의 높은 증가율 수치로 나타났고 주택 가격에도 많은 영향을 미쳤다.

두 번째로 많은 사업체 종사자수 증가율을 보인 곳은 연평균 5.29% 상승한 경기도이다. 사업체 종사자수의 절댓값으로 비교해보면 세종특별자치시보다 18.6배나 많은 압도적인 수치이다. 연평균 상승률은 두 번째로 많으나 절대 수치를 함께 고려해 본다면 실질적으로 가장 많은 사업체 종사자수가 증가하고 있다. 지방에 있는 산업들이 지속적으로 수도권으로 모여들고 있음을 알 수 있다.

세 번째로 많은 증가율을 보인 곳은 연평균 4.73% 상승한 제주특별자치도이다. 이곳은 중국의 제주 관광 열풍으로 급격한 성장을 해왔다. 증가한 사업체 종사자수의 대부분이 음식 및 숙박업과 같은 관광 산업의 종사자였다. 주택 가격도 짧은 기간에 5배나 오를 만큼 크게 움직였다. 하지만 기반 산업이 관광과 관련되었던 만큼 중국 관광객들의 발길이 끊어지면서 산업과 주택 시장은 성장을 이어가지 못하고 크게 위축되었다. 제주특별자치도의 경우를 보면 기반 산업이 그 지역에 미치는 영향과 리스크를 확인할 수 있다.

사업체 종사자수의 증가율이 낮게 나타난 대표적인 곳은 부산광역시,

경상남도, 대구광역시이다. 중화학 공업과 같은 2차 산업을 중심으로 발전되어 왔던 공업 도시들이다. 최근 발전하고 있는 IT 및 반도체 등의 첨단 산업들은 대부분 수도권으로 집중되고 있다. 그래서 지방의 공업 도시들은 이러한 산업의 흐름에서 소외되는 경향을 보이고 있다.

서울특별시의 사업체 종사자수 증가율도 낮게 나타났다. 연평균 2.82%로 세 번째로 낮다. 이 현상을 수치적으로만 본다면 서울특별시의 산업이 경기도, 충청도, 세종특별자치시로 분산되고 있다는 것으로 오해할 수도 있다. 하지만 그와는 정반대 결과이다. 서울특별시는 더 이상 산업과 주택이 추가로 들어설 수 없을 만큼 포화된 상태이다. 전국에서 유일하게 빈 땅이 하나도 없다. 인구 밀도는 경기도의 약 13배이고 전국의 약 32배이다. 그래서 서울특별시에 입주하고 싶은 산업과 주택들이 비용, 공간, 교통 등의 이유로 서울특별시에 입주하지 못하고 경기도를 차선책으로 선택한다. 경기도의 사업체 종사자수가 증가하는 만큼 서울특별시의 입지는 더욱더 견고해지고 있는 것이다.

■ 시군구별 사업체 종사자수

　다음은 2006년도부터 2018년도까지 서울특별시와 경기도의 사업체 종사자수를 나타낸 그래프이다.

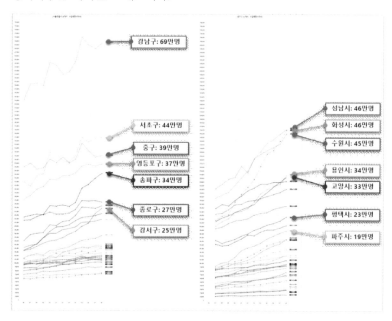

　2018년도에 강남구의 사업체 종사자수는 69만명으로 서울특별시, 경기도를 모두 통틀어서 가장 많다. 다음으로 성남시와 화성시가 46만명, 수원시 45만명, 서초구 44만명, 중구 39만명, 영등포구 37만명, 송파구 34만명, 용인시 34만명, 고양시 33만명, 종로구 27만명, 강서구 25만명, 평택시 23만명, 파주시 19만명 순이다.

서울특별시의 각 구는 경기도의 각 시와 맞먹거나 능가할 만큼의 사업체 종사자수가 있다. 그래서 서울특별시를 분석할 때 시 전체를 하나로 묶으면 너무 광범위하므로 각 구 단위로 구분하는 것이 좋다.

　　강남, 서초, 송파로 묶이는 강남 3구는 147만명의 사업체 종사자수를 보유하고 있다. 서울특별시의 약 30%에 가까운 일자리가 분포되어 있음을 알 수 있다. 성남, 화성, 수원을 합친 것보다 더 많은 사업체 종사자수이다. 그만큼 강남의 영향력이 크다고 볼 수 있다. 강남은 대한민국 산업의 중심이다. 그 외에 중구와 종로구에 66만명의 사업체 종사자수가 있고 영등포구에 37만명의 사업체 종사자수가 있다.

　　경기도의 사업체 종사자수는 성남시와 화성시가 각각 46만명으로 가장 많다. 성남시에는 판교테크로밸리가 있고 서울의 3도심에 이어 4도심의 역할을 수행하고 있다. 화성시는 우리나라에서 제조업이 가장 많고 지금도 가파르게 증가하고 있다. 삼성, 현대를 비롯한 많은 대기업들이 이곳에 위치하고 있다. 그 수요들을 만족시키기 위해 우리나라에서 가장 큰 신도시인 동탄 신도시가 화성에 위치해 있다.

　　용인시, 수원시도 강남부터 부산까지 이어지는 경부 라인에 위치해 있고 대기업들이 많이 포진해 있으며 우리나라 산업의 주요 흐름을 같이하고 있다.

　　고양시는 서북부에 위치해 있고 우리나라의 대표적인 위성 도시이다.

서울특별시에 출퇴근하는 사람들을 기반으로 도시가 유지되고 있다. 2015년도 통계청 조사에 따르면 고양시의 통근자 및 통학자의 수는 570,789명이고 29.67%에 해당하는 169,348명이 서울특별시로 통근 및 통학을 하고 있다.

대기업이 입주하면서 도시 전체가 변화하는 경우도 있다. 파주시는 LG전자가 입주하면서 도시가 확장되었다. 2008년도에 파주LCD일반산업단지가 들어서기 시작하면서 307,497명이었던 인구수는 2021년도 471,219명으로 53.24% 증가했다.

평택시는 삼성이 입주하면서 도시가 확장되고 있다. 2016년도에 고덕국제화도시첨단산업단지가 준공되었고 삼성전자의 시스템 반도체 산업과 삼성바이오로직스의 바이오 시밀러 산업이 활성화되고 있는 중이다. 2021년도 인구는 548,131명이지만 평택시 2035년 도시 기본 계획에 따르면 2035년도에 90만명까지 인구수가 증가할 것으로 예상하고 있다.

■ 서울특별시 인구수 대비 사업체 종사자수 비율

다음은 2018년도 서울특별시와 서울특별시의 25개 구의 인구수와 사업체 종사자수를 나타낸 표이다.

지역	2018년			지역	2018년		
	인구수	사업체종사자수	종사자수비율		인구수	사업체종사자수	종사자수비율
전국	51,300,880	22,200,303	43.27%	용산구	219,034	141,216	64.47%
서울특별시	9,642,857	5,210,936	54.04%	동대문구	342,485	140,748	41.10%
강남구	537,082	694,136	129.24%	광진구	351,215	127,879	36.41%
서초구	429,232	438,733	102.21%	양천구	462,235	123,311	26.68%
중구	121,382	390,530	321.74%	노원구	543,268	118,713	21.85%
영등포구	360,631	367,557	101.92%	관악구	494,638	113,944	23.04%
송파구	656,198	342,853	52.25%	동작구	390,522	112,564	28.82%
종로구	148,326	265,017	178.67%	서대문구	304,797	109,490	35.92%
마포구	367,177	255,152	69.49%	성북구	432,109	108,201	25.04%
강서구	592,309	248,204	41.90%	중랑구	399,876	103,016	25.76%
금천구	230,453	234,012	101.54%	은평구	476,895	90,049	18.88%
구로구	402,971	218,070	54.12%	도봉구	337,404	74,314	22.03%
성동구	300,992	174,819	58.08%	강북구	316,094	72,418	22.91%
강동구	425,539	145,990	34.31%	-	-	-	-

인구수 대비 사업체 종사자수의 전국 비율을 살펴보면 43.27%로 2.31명당 1명이 사업체에 종사하고 있다. 서울특별시는 54.04%로 전국 비율보다 10.77% 높다. 서울특별시 내에서 높은 비율 순으로 나열하면 중구 321.74%, 종로구 178.67%, 강남구 129.24%, 서초구 102.21%, 영등포구 101.92%, 금천구 101.54%이다. 낮은 비율 순으로 나열하면 은평구 18.88%, 노원구 21.85%, 도봉구 20.03%, 강북구 22.91%, 관악구 23.04%, 성북구 25.04%, 중랑구 25.76%이다.

전국 사업체 종사자수를 살펴보면 총 22,200,303명이 사업체에 종사하고 있다. 이중에서 서울특별시에 23.47%인 5,210,936명이 종사한다. 서울특별시 내에서 사업체 종사자수가 많은 순으로 나열하면 강남구 694,136명, 서초구 438,733명, 중구 390,530명, 영등포구 367,557명, 송파구 342,853명, 종로구 265,017명이다. 적은 순으로 나열하면 강북구 72,418명, 도봉구 74,314명, 은평구 90,049명, 중랑구 103,016명, 성북구 108,201명이다.

해당 데이터를 분석해보자. 3도심으로 분류되는 중구, 종로구, 강남구, 서초구, 영등포구는 모두 100% 이상의 비율로 인구수보다 일자리가 더 많다는 것을 알 수 있다. 일자리가 있으면 당연히 거주지가 있어야 한다. 하지만 3도심 내에는 주택을 추가로 공급할 수 있는 빈 토지가 없어서 주택의 공급량이 턱없이 부족하다. 그래서 주변 지역에서 3도심의 주택 부족 문제를 많은 부분 보완하고 있다. 주택의 인기는 3도심과 가까울수록 출퇴근 시간이 줄어들기 때문에 더 높다. 당연히 주택의 가격도 3도심 내에 있거나 그곳과 가까울수록 더 높게 형성되는 경향이 있다.

은평구, 노원구, 도봉구, 강북구 등은 인구수 대비 사업체 종사자수 비율이 20% 전후로 나타난다. 전국 평균인 43.27%의 절반도 안되는 수치이다. 한강을 경계로 강의 남쪽과 강의 북쪽으로 구분할 때 강의 북쪽에 해당하는 강북에는 산업이 많지 않다는 것을 알 수 있다. 해당 구들은 서울특별시 내에 속해 있지만 실질적으로는 3도심의 위성도시 역할을 하고 있다. 3도심과 그 인근에 있는 구와 비교할 때 비교적 주택의 가격도 낮은 편이다.

사업체 종사자수의 비율과 절댓값을 참조해서 조금 더 세부적으로 분석해보자. 비율이 가장 높은 곳은 중구 321.74%, 종로구 178.67%이다. 강남구 129.24%와 서초구 102.21%보다 2배 이상 높은 수치이다. 절댓값으로 분석하면 강남구가 694,136명, 서초구가 438,733명으로 가장 많다. 중구 390,530명과 종로구 265,017명보다 2배에 가까운 수치이다.

강남구와 서초구는 우리나라에서 주택 평균 가격이 가장 높은 지역이다. 2020년도 기준으로 거래된 아파트 평균 가격은 약 19억원이다. 2010년도 이후에 지어진 전용면적 84㎡ 아파트는 30억원이 넘는 가격에 거래된다. 이러한 상황만 놓고 본다면 인구수 대비 사업체 종사자수의 비율과 사업체 종사자수의 절댓값이 모두 강남구와 서초구가 가장 높을 것으로 예상해볼 수 있다.

하지만 통계 데이터상으로 볼 때 인구수 대비 사업체 종사자수의 비율적인 부분은 오히려 중구와 종로구가 더 높다. 이처럼 3도심과 같은 주요 산업을 중심으로 그곳과 가까울수록 주택의 가격이 높게 형성된다는 주장과 일자리보다 주택이 부족할수록 주택의 가격은 높게 형성된다는 논리는 큰 관점에서는 적용되지만 세부적으로 살펴봤을 때는 다소 차이가 있음을 확인할 수 있다.

그렇기 때문에 산업이라는 큰 틀이 세워진 후에는 주거지를 중심으로 세부적인 항목들을 살펴봐야 한다. 대표적으로 강남구와 서초구는 양질의 주거 환경을 갖추고 있다. 거주하면서 강이 있는 공원에서 산책도 하고 백화점이나 마트에서 쇼핑도 하고 아이들이 훌륭하게 자랄 수 있도록 좋은 학교에도 보내고 응급시에는 병원에도 빠르게 갈 수 있다. 이러한 환경을 누리면서 비교적 짧은 시간에 직장으로 출퇴근도 가능하다. 우리나라에서 가장 좋은 주거 환경을 갖추었고 향후에도 이보다 더 좋은 주거 환경이 추가로 만들어지는 것은 어려울 것이다. 상품으로 비교하면 이미 품절된 주거 지역이다. 그래서 주택 가격이 높게 형성되었고 향후에도 지속적으로 상승할 것으로 예상할 수 있다.

■ 경기도 인구수 대비 사업체 종사자수 비율

다음은 2018년도 경기도와 경기도의 31개 시 및 군의 인구수와 사업체 종사자수를 나타낸 표이다.

지역	2018년			지역	2018년		
	인구수	사업체종사자수	종사자수비율		인구수	사업체종사자수	종사자수비율
경기도	12,861,428	5,174,364	40.23%	군포시	277,018	108,524	39.18%
성남시	949,575	462,083	48.66%	안성시	181,773	98,252	54.05%
화성시	722,051	460,383	63.76%	광명시	326,590	94,647	28.98%
수원시	1,193,038	449,540	37.68%	포천시	150,185	93,435	62.21%
용인시	1,012,789	337,516	33.33%	양주시	212,772	87,633	41.19%
고양시	1,032,839	332,904	32.23%	하남시	241,600	76,219	31.55%
안산시	662,489	321,582	48.54%	오산시	215,466	68,453	31.77%
부천시	838,767	301,024	35.89%	구리시	199,718	66,759	33.43%
안양시	576,985	255,402	44.26%	의왕시	153,550	54,870	35.73%
평택시	482,069	225,077	46.69%	여주시	110,972	43,904	39.56%
시흥시	430,444	202,629	47.07%	과천시	56,882	34,827	61.23%
파주시	441,073	187,258	42.46%	양평군	114,552	29,631	25.87%
김포시	405,273	165,298	40.79%	동두천시	94,593	28,264	29.88%
남양주시	668,717	165,207	24.71%	가평군	62,214	27,728	44.57%
광주시	352,569	138,040	39.15%	연천군	44,465	14,969	33.66%
이천시	212,331	121,581	57.26%	부산광역시	3,418,069	1,442,115	42.19%
의정부시	438,076	120,725	27.56%	-			

인구수 대비 사업체 종사자수의 비율을 살펴보면 경기도는 40.23%로 전국 비율 43.27%보다 3.04% 낮다. 경기도 내에서 높은 비율 순으로 나열하면 화성시 63.76%, 포천시 62.21%, 과천시 61.23%, 이천시 57.26%, 성남시 48.66%, 안산시 48.54% 순으로 나타난다. 낮은 비율 순으로 나열하면 남양주시 24.71%, 양평군 25.87%, 의정부시 27.565, 광명시 28.98%, 동두천시 29.88%이다.

사업체 종사자수를 살펴보면 경기도에 5,174,364명이 종사한다. 전국 사업체 종사자수 22,200,303명의 23.3%에 해당하는 수치이다. 경기도 내에서 사업체 종사자수가 많은 순으로 나열하면 성남시 462,083명, 화성시 460,383명, 수원시 449,540명, 용인시 337,516명, 고양시 332,904명, 안산시 321,582명, 부천시 301,024명, 안양시 255,402명이다. 적은 순으로 나열하면 연천군 14,969명, 가평군 27,728명, 동두천시 28,264명, 양평군 29,631명, 과천시 34,827명, 여주시 43,904명, 의왕시 54,870명이다.

해당 데이터를 분석해보자. 사업체 종사자수의 비율이 가장 높은 곳은 화성시 63.7%, 포천시 62.21%, 과천시 61.23%, 이천시 57.26%, 안성시 54.05%, 성남시 48.66% 순이다. 가장 많은 인구수를 보유하고 있는 수원시는 37.68%에 불과하다. 수치만 가지고 판단하기에는 우리가 예상하는 것과 다른 점들이 보인다. 대표적으로 포천시, 이천시, 안성시가 각각 62.21%, 57.26%, 54.05%로 모두 경기도에서 다섯 번째 안에 드는 높은 비율을 보인다.

경기도는 서울특별시와는 상황이 다르다. 서울특별시는 그린벨트를 해제하지 않는 한 신규로 개발할 수 있는 택지가 없어서 사업체 종사자수가 증가하여 주택 수요가 늘어나더라도 어쩔 수 없이 주변 지역으로 주택 수요를 넘기게 된다. 하지만 경기도는 개발할 수 있는 택지가 많아서 수요가 늘어난다면 해당 지역에 주택을 추가로 공급할 수 있다. 그렇기 때문에 경기도는 사업체 종사자수의 비율만으로 무언가 의미 있는 결론을 이끌어 내기에 한계가 있다.

예를 들어 화성시의 사업체 종사자수 비율은 63.76%로 경기도에서 가장 높다. 사업체 종사자수 비율이 높아서 주거 공급이 더 필요하다고 판단되면 해당 지역은 주택을 추가로 공급할 수 있는 택지들이 많으므로 계획만 세워진다면 얼마든지 실행할 수 있다. 하지만 사업체 종사자수 비율이 높다는 이유만으로 주거 공급이 더 필요한 것은 아니다. 화성시에 근무하며 서울특별시에 직접 거주하거나 서울특별시에 더 가까운 화성시 인근의 수원시, 용인시, 안산시 등에 거주하기를 희망하는 사람들도 있다. 그래서 경기도는 사업체 종사자수의 비율이 높다는 이유만으로 주택이 부족하다고 판단하기에는 한계가 있는 것이다.

■ 강남구, 송파구 산업별 사업체 종사자수

　　다음은 2006년도부터 2018년도까지 강남구, 송파구의 산업별 사업체 종사자수이다.

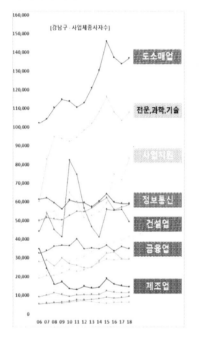

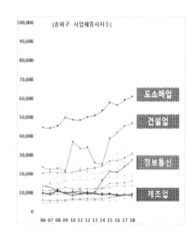

　　강남구의 2018년도 인구수는 537,082명이고 사업체 종사자수는 694,136명이다. 인구수 대비 사업체 종사자수의 비율은 129.24%이다. 주요 산업을 구분해서 살펴보면 도소매업 136,778명, 전문, 과학, 기술업 107,675명, 사업 지원 및 관리업 83,062명, 정보통신업 58,879명, 건설업 49,157명, 금융 및 보험업 34,738명, 제조업 14,296명이다.

송파구의 2018년도 인구수는 656,198명이고 사업체 종사자수는 342,853명이다. 인구수 대비 사업체 종사자수의 비율은 52.25%이다. 주요 산업을 구분해서 살펴보면 도소매업 60,790명, 건설업 46,470명, 정보통신업 27,034명, 제조업 9,200명이다.

해당 데이터를 참조해서 해당 지역을 분석해보자. 강남구에는 다양한 산업들이 분포되어 있다. 먼저 도소매업이 136,778명으로 가장 많다. 도소매업은 인구수와 비례해서 생성되는 것이므로 강남구에 넓은 주거지가 형성되어 있음을 알 수 있다. 전문, 과학, 기술업이 107,675명으로 두 번째로 많다는 것은 우수한 인력이 많다는 것을 의미한다. 기업의 우수한 R&D 인력 뿐만 아니라 변호사, 의사, 세무사, 변리사, 회계사 등의 전문가가 이 분류에 해당한다. 사업지원 및 관리업이 83,062명으로 세 번째로 많다. 이 산업은 기존의 산업을 지원해주는 경비, 청소, 렌탈, 임대, 대리 업무, 리쿠르팅 등에 해당한다. 그만큼 산업이 전문화, 세분화, 활성화되었다는 증거이다. 정보통신업도 58,879명으로 많은 수치를 보여준다. 2006년도 대비 2018년도의 정보통신업 사업체 종사자수가 증가하지 않고 보합으로 보여지는 것은 판교로 정보통신업이 특화되어 이전되었기 때문이다. 그 밖에 건설업, 금융 및 보험업, 제조업, 교육업 등의 본사나 주요 지사들이 강남에 입주해 있다. 이처럼 강남구는 어느 특정 산업이 특화되어 있지 않다. 다양한 산업들이 각각 우리나라에서 중심 역할을 담당하기 위하여 자리잡고 있다.

송파구에는 도소매업, 건설업, 정보통신업, 제조업 등이 주요 산업으로 자리잡고 있다. 강남구와 서초구에 이어 송파구까지 확장해서 강남3구를 만들어가는 입장으로 이해하면 빠를 것이다. 도소매업이 가장 많은 것으로 보아 충분한 주거지가 형성되어 있음을 알 수 있다. 정보통신업은 2013년도 이후에 증가했는데 판교와 같이 강남구에서 확장된 것이다. 건설업, 제조업 등도 강남구의 확장 개념으로 본사와 지사가 분포되어 있다.

■ 중구, 영등포구 산업별 사업체 종사자수

다음은 2006년도부터 2018년도까지 중구, 영등포구의 산업별 사업체 종사자수이다.

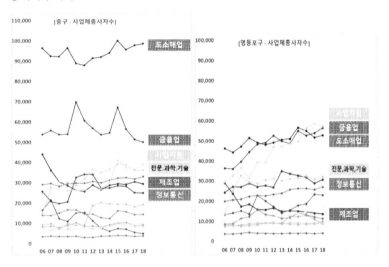

중구의 2018년도 인구수는 121,382명이고 사업체 종사자수는 390,530명이다. 인구수 대비 사업체 종사자수의 비율은 321.74%이다. 주요 산업을 구분해서 살펴보면 도소매업 98,606명, 금융 및 보험업 50,108명, 사업지원 및 관리업 39,020명, 전문, 과학, 기술업 36,078명, 제조업 29,402명, 정보통신업 25,013명이다.

영등포구의 2018년도 인구수는 360,631명이고 사업체 종사자수는 367,557명이다. 인구수 대비 사업체 종사자수의 비율은 101.92%이다.

주요 산업을 구분해서 살펴보면 사업 지원 및 관리 산업 57,524명, 금융 및 보험업 56,551명, 도소매업 52,863명, 전문, 과학, 기술업 32,357명, 정보통신업 30,827명, 제조업 13,577명이다.

해당 데이터를 참조해서 해당 지역을 분석해보자. 중구의 사업체 종사자수는 2006년도부터 2018년도까지 360,856명에서 390,530명으로 8% 증가했다. 중구는 우리나라에서 가장 많은 대기업 본사를 보유하고 있다. 주식 시가 총액 100위 이내의 기업 중에서 65개의 기업이 서울특별시에 위치해 있고 18개의 기업 본사가 서울특별시의 중구에 위치해 있다. 증가율이 보합이라고 해서 산업이 쇠퇴했다고 보기는 어려울 것이다. 중구는 서울 시청이 있는 지역이다. 강남이 생겨나기 이전부터 종로구와 함께 전통적으로 우리나라의 중심 역할을 하던 곳이다. 단지 더 이상 개발할 공간이 없어서 사업체 종사자수도 늘어나지 않고 있을 뿐이다.

중구는 인구 비율은 적은데 도소매업이 98,606으로 가장 많다. 그 이유는 남대문시장, 중부시장, 벼룩시장, 방산시장, 중앙시장, 평화시장, 약수시장, 통일시장, 도깨비시장, 인현시장 등 수많은 전통 시장이 들어서 있기 때문이다. 다음으로 금융 및 보험업이 50,108명이다. 중구에는 정부기관과 연계하여 대기업 본사, 보험 회사, 지주 회사들이 많이 입주해 있다. 이러한 요소들이 금융 및 보험업의 사업체 종사자수로 나타난다. 여의도에 있는 증권 관련 금융업과는 또 다른 부분이다. 그 외에 사업지원 및 관리업, 전문, 과학, 기술업, 제조업, 정보통신업 등의 산업이 있어서 도심의 역할을 하고 있다. 대체적으로 중구에는 예전부터 있었던 산업과 기업들이 많은 편이다. 새롭게 생성되는 산업과 기업이 확장되어 지사를 설립하거나 본사를 이전할 때는 강남구 또는 그 인근에 많이 들어서는 편이다.

영등포구는 여의도가 있는 곳으로 증권가의 중심지라고 말할 수 있다. 사업 지원 및 관리업이 57,524명으로 가장 많고 금융 및 보험업이 56,551명으로 그 뒤를 잇는다. 중구에 있는 금융 및 보험업과 달리 주로 증권 관련 업종들이다. 선진국이 되면 실물 경제와 함께 금융 경제가 급속도로 발전한다. 우리나라는 이제 막 선진국이 되었으므로 증권 관련 금융업의 성장은 이제부터 본격적인 시작이라고 볼 수 있다. 한국의 국제 신용도는 지속적으로 상승하고 있고 금융업도 그와 함께 성장해 갈 것이다. 그렇게 되면 여의도가 있는 영등포구는 더욱더 발전할 것이다.

영등포구의 도소매업 종사자는 52,863명으로 세 번째이다. 산업에 비해 거주지가 넓게 형성되어 있지 않다는 것을 알 수 있다. 그 밖에 전문, 과학, 기술업, 정보통신업, 제조업 본사 등이 도심의 산업 구조를 형성하고 있다.

■ 강서구, 성남시 산업별 사업체 종사자수

다음은 2006년도부터 2018년도까지 강서구, 2007년도부터 2018년도까지 성남시의 산업별 사업체 종사자수이다.

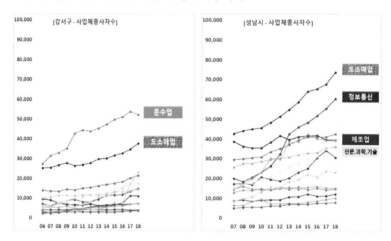

강서구의 2018년도 인구수는 592,309명이고 사업체 종사자수는 248,204명이다. 인구수 대비 사업체 종사자수는 41.90%이다. 주요 산업을 구분해서 살펴보면 운수업 52,138명, 도소매업 37,641명이다.

성남시의 2018년도 인구수는 949,575명이고 사업체 종사자수는 462,083명이다. 인구수 대비 사업체 종사자수의 비율은 48.66%이다. 주요 산업을 구분해서 살펴보면 도소매업 73,763명, 정보통신업 60,352명, 제조업 39,467명, 전문, 과학, 기술업 39,248명이다.

강서구에는 운수업이 52,138명으로 가장 많다. 김포공항이 있어서 지방이나 해외에서 수도권으로 연결되는 항공 관련 운수업이 활성화되었다는 것을 알 수 있다.

성남시는 도소매업이 73,763명으로 가장 많다. 분당 신도시와 판교 신도시가 있어서 주거지가 고르게 형성되어 있음을 알 수 있다. 다음으로 정보통신업이 60,352명이다. 판교 테크노밸리가 만들어지면서 강남구의 IT산업이 성남시로 이전되었다. 지금은 강남구보다 더 많은 정보통신업이 자리잡고 있다. 그뿐 아니라 R&D와 관련 대기업 본사와 지사도 점차 판교 테크로밸리로 집중되고 있다. 미국의 실리콘밸리와 같이 국내에서 지식 산업의 중심 역할을 담당하고 있다. 해당 산업들은 향후 전망이 매우 밝다. 시대가 발전할수록 더욱더 필요로 하는 산업들이다. 광화문, 여의도, 강남 3도심에 이어 판교까지 4도심으로 확장된다고 볼 수 있다. 도심이 하나 더 생기는 과정이므로 많은 변화가 생길 것이다. 이미 판교 테크로밸리가 모두 형성되었다고 생각할지도 모르겠다. 하지만 아직 끝나지 않았다. 지금보다 2배 ~ 3배는 더 확장될 것이다. 그래서 판교와 그 인근 지역에는 많은 자금들이 흐를 것이기 때문에 발전 과정을 집중해서 관찰해야 할 것이다.

■ 화성시, 고양시 산업별 사업체 종사자수

다음은 2007년도부터 2018년도까지 화성시, 고양시의 산업별 사업체 종사자수이다.

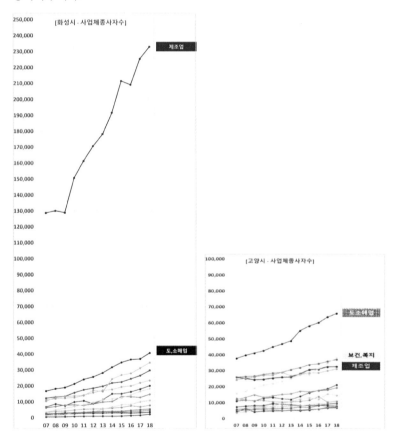

화성시의 2018년도 사업체 종사자수는 460,383명이다. 주요 산업을

구분해서 살펴보면 제조업 232,793명, 도소매업 40,630명이다.

고양시의 2018년도 인구수는 1,032,839명이고 사업체 종사자수는 332,904명이다. 인구수 대비 사업체 종사자수의 비율은 32.23%이다. 주요 산업을 구분해서 살펴보면 도소매업 65,854명, 의료, 보건, 복지업 38,170명, 제조업 32,669명이다.

화성시에는 무려 29,402명의 제조업 종사자가 있다. 우리나라에서 가장 많은 제조업이 화성시에 입주해 있다. 2006년도부터 2018년도까지 1.81배 증가했고 지금도 가파른 증가 추세에 있다. 중화학 공업에서 IT 융복합, 첨단 산업, 반도체 등으로 산업의 흐름이 변화하고 교통이 발전하면서 새롭게 생성되거나 확장되는 공장들은 대부분 도심과 가까운 곳에 설립되고 있다. 그 중에서 가장 많은 공장들이 지가가 저렴하면서도 수도권 접근성이 좋은 화성시에 입주했다. 삼성전자와 현대자동차가 그 대표적인 사례이다. 우리나라 최대 규모 신도시인 동탄 신도시가 화성시에 개발될 수 있었던 것도 그만큼 주거 수요가 있었기 때문이다.

화성시의 주요 산업은 제조업이다. 제조업의 특성상 큰 공장을 짓기 때문에 산업이 한 곳에 집중되어 있지 않고 여러 공간에 넓게 퍼져 있다. 그래서 대부분 출퇴근 수단으로 자동차를 이용한다. 서울특별시로 출퇴근하기 위해 지하철을 이용하는 사람들도 일부 있지만 화성시 전체 통근 및 통학자수의 5% 미만에 불과하다. 그래서 거주지로서 인기가 있는 곳은 고속철도역 또는 지하철역 인근이 아니라 각종 인프라 시설과 동탄 호수공원과 같은 쾌적한 환경이 주변에 갖추어진 곳이다. 그럼에도 불구하고 고속철도가 있는 동탄역 인근이 역세권 프리미엄으로 인기가 많고 주택 가격이 높은 이유는 고속철도 때문이 아니라 향후 GTX-A 노선이 개통될 경우 강남으로 출퇴근하는 수요가 많아져서 그 일대가 많이 개발될 것으로 기대되기 때문이다.

고양시는 인구수 대비 사업체 종사자수 비율이 32.23%로 매우 낮다. 반면 서울특별시로의 통근 및 통학 비율은 약 30%로 매우 높다. 산업 중에서 도소매업이 65,854명으로 가장 많다. 우리나라에서 가장 대표적인 위성 도시의 모습이다. 서울특별시의 산업에 의존하는 도시이므로 서울특별시의 산업과 함께 매우 안정적인 흐름을 보여줄 것이다. 서울특별시의 접근성이 중요한 만큼 GTX 노선도 무려 3군데나 정차한다. GTX-A 킨텍스역, 대곡역, 창릉역이다.

■ 평택시, 파주시 산업별 사업체 종사자수

　다음은 2007년도부터 2018년도까지 평택시, 파주시의 산업별 사업체 종사자수를 나타낸 그래프이다.

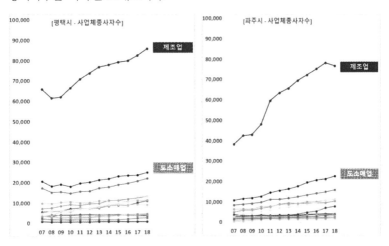

　평택시의 2018년도 인구수는 482,069명이고 사업체 종사자수는 225,077명이다. 인구수 대비 사업체 종사자수의 비율은 46.69%이다. 주요 산업을 구분해서 살펴보면 제조업 86,014명, 도소매업 25,122명이다.

　파주시의 2018년도 인구수는 441.073명이고 사업체 종사자수는 187,258명이다. 인구수 대비 사업체 종사자수의 비율은 42.46%이다. 주요 산업을 구분해서 살펴보면 제조업 76,911명, 도소매업 22,724명이다.

평택시는 제조업이 86,014명으로 가장 많다. 전형적인 제조업 중심의 도시 형태이다. 최근 고덕국제화도시첨단산업단지에 삼성전자의 시스템 반도체 산업과 삼성바이오로직스의 바이오 시밀러 산업이 들어서면서 매우 기대되는 지역이다. 두 산업은 삼성에서 향후 유망한 산업으로 집중 육성하고 있다. 그래서 평택시는 삼성전자와 삼성바이오로직스를 기반으로 많이 성장할 것으로 기대된다. 특히 해당 산업 단지 바로 옆에 붙어 있는 고덕국제화 신도시는 삼성 근무자들의 출퇴근이 편리할 뿐만 아니라 신도시로서의 쾌적한 주거 환경을 갖추고 있어서 인기가 매우 높을 것으로 예상된다.

그리고 평택시도 제조업이 주요 산업이므로 통근 및 통학의 주요 수단은 화성시처럼 자동차이다. 지하철로 통근 및 통학하는 비율은 1% 미만에 불과하다. 그래서 지하철역 인근보다는 주거 환경이 쾌적한 곳의 주택이 선호될 것이다. 첫 번째는 고덕국제화 신도시이고 두 번째는 배다리 호수공원 일대가 될 것이다. 물론 지금 당장은 지제역 인근의 주택 가격이 높을지 몰라도 시간이 지나면서 점차 간격이 좁혀질 것으로 예상된다.

파주시도 제조업 종사자가 76,911명으로 가장 많다. 2008년도부터 파주LCD일반산업단지에 LG전자가 입주하면서 제조업의 사업체 종사자 수가 급격히 증가해 왔다. 파주운정 신도시가 만들어 지면서 쾌적한 주거 환경도 제공되었다. 하지만 LG전자만으로는 도시가 더 이상 성장하기에는 역부족이었다. 2018년도부터는 제조업의 사업체 종사자수가 조금 줄어들기 시작하면서 보합 상태를 유지하고 있다. 그래도 다행인 것은 GTX-A 운정역의 개통이 예정되면서 서울특별시로 출퇴근하는 주거수요를 가져올 수 있다는 것이다.

■ 부산광역시, 창원시 산업별 사업체 종사자수

　다음은　2006년도부터　2018년도까지　부산광역시,　2007년도부터 2017년도까지 경상남도 창원시의 산업별 사업체 종사자수이다.

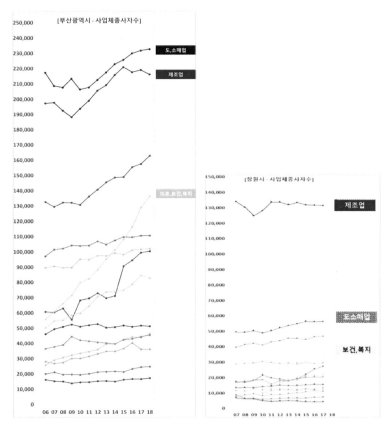

　부산광역시의 2018년도 인구수는 3,418,069명이고 사업체 종사자수 는 1,442,115명이다. 인구수 대비 사업체 종사자수의 비율은 42.19%이

다. 주요 산업을 구분해서 살펴보면 도소매업 232,787명, 제조업 131,305명, 도소매업 56,154명, 의료, 보건, 복지업 35,449명이다.

창원시의 2017년도 인구수는 1,053,988명이고 사업체 종사자수는 450,741명이다. 인구수 대비 사업체 종사자수의 비율은 42.76%이다. 주요 산업을 구분해서 살펴보면 제조업이 131,305명이고 도소매업이 56,154명이다.

부산광역시는 도소매업이 232,787명으로 가장 많다. 오래된 도시인 만큼 주거 지역이 넓게 형성되어 있고 그만큼 도소매업이 활성화되었다.

다음으로 제조업이 131,305명이다. 우리나라에서 가장 큰 항구인 부산항을 보유하고 있는 도시로서 제조업이 산업의 중심인 도시이다. 2016년도부터는 제조업이 보합상태로 전환되었다. 수도권으로 기업들이 집중되는 흐름 중에 나타난 현상으로 볼 수 있다. 기반 산업인 제조업이 이미 보합으로 전환되었기 때문에 새로운 산업이 생겨나지 않는다면 시간이 지날수록 전체적인 산업 규모는 줄어들 가능성이 높다. 그리고 중심지는 여전히 발전하고 외곽 지역은 소외되는 지역별 빈부격차 현상이 가속화될 것이다.

부산이 향후 산업을 활성화시키기 위해서는 세계적인 항구도시로 거듭나야 할 것이다. 해운대라는 세계적인 휴양지를 보유하고 있고 우리나라에서 가장 물동량이 많은 부산항이 있기 때문에 한국의 경제 상황과 신뢰도가 좋아지는 만큼 충분히 성장 가능성이 높다고 생각한다.

    창원시는 제조업이 131,305명인 전형적인 중화학 공업 기반의 지방 도시이다. 2007년도 이후로 중화학 공업보다는 반도체와 첨단 산업 등이 발전하면서 산업이 보합 상태를 유지하고 있다. 수도권 집중 현상이 가속화되고 있는 지금의 상황에서 큰 변화는 없을 것으로 예상된다. 시간이 지날수록 중심 지역은 여전히 발전하고 외곽 지역은 소외되는 현상이 나타날 것이다. 지금의 추세로 본다면 그동안 이루어 왔던 것을 유지하는 것이 최선인 상황이 될 것이다. 창원시 뿐만 아니라 지방의 도시들은 인구수 감소와 함께 이러한 현상이 전반적으로 나타나고 있다.

「주택시장학 개론」

에필로그

주택의 역사, 정책, 수요, 공급, 산업에 대하여 살펴보았다. 이 내용들을 바탕으로 향후 주택 시장이 어떠한 흐름으로 흘러갈지 예측해 볼 수 있다. 그리고 그것이 얼마나 견고하게 형성되어 있는지 깨닫게 된다.

이것은 땀 흘리며 노력하여 얻는 노동 시장의 영역이 아니다. 정확한 방향을 선택하는 결단으로 얻는 자본 시장의 영역이다. 이미 답은 정해져 있다. 산업의 발전과 함께 주택 가격은 지속적으로 우상향한다. 두려워하거나 의심하지 말고 확신과 용기를 가지고 그 흐름에 동참하면 된다.

이 책을 읽은 모든 사람들이 부동산을 통해 자본 시장을 경험하고 그것으로 인해 좋은 일들이 많이 일어나기를 진심으로 기원한다.

끝.

「주택시장학 개론」